COLLECTION FEUARDENT

JETONS ET MÉREAUX

DEPUIS LOUIS IX JUSQU'A LA FIN DU CONSULAT DE BONAPARTE

PREMIÈRE PARTIE

GRANDES ADMINISTRATIONS DE L'ÉTAT ET DE LA VILLE DE PARIS

CORPORATIONS, ETC.

NOBLESSE ET VILLES DE L'ILE-DE-FRANCE

Collection FEUARDENT

Vente après décès par suite d'acceptation bénéficiaire

JETONS ET MÉREAUX

DEPUIS LOUIS IX JUSQU'A LA FIN DU CONSULAT DE BONAPARTE

PREMIÈRE PARTIE

GRANDES ADMINISTRATIONS DE L'ÉTAT ET DE LA VILLE DE PARIS

CORPORATIONS, ETC.

NOBLESSE ET VILLES DE L'ILE DE FRANCE

VENTE AUX ENCHÈRES PUBLIQUES

A PARIS, HOTEL DES COMMISSAIRES-PRISEURS, RUE DROUOT, 9

SALLE N° 9

Du Mardi 13 Novembre au Vendredi 16 Novembre 1928

A DEUX HEURES PRÉCISES

COMMISSAIRES-PRISEURS :

Mᵉ André DESVOUGES	Mᵉ Maurice CARPENTIER
26, Rue de la Grange-Batelière	14, Rue de la Grange-Batelière

EXPERT :

M. Etienne BOURGEY

7, Rue Drouot

PARIS

Exposition particulière :

Du 5 au 10 Novembre 1928, chez M. Etienne Bourgey,.
expert, 7, rue Drouot (Téléphone : Provence 88-67).

La vente aura lieu au comptant.

Les acquéreurs paieront 19,50 pour cent en sus des enchères.

L'authenticité des pièces est garantie.

M. Etienne Bourgey, 7, rue Drouot, se charge d'exécuter les.
commissions qui lui seront confiées.

L'ordre du catalogue sera suivi. L'expert se réserve le droit de·
diviser ou réunir les lots.

La collection dont nous sommes chargés de faire la vente est trop connue pour qu'il soit utile d'en faire ressortir l'intérêt.

Bornons-nous à rappeler qu'elle est le résultat de plus de cinquante années de recherches et de patient travail. Elle fut formée en partie par le sénateur Halgan qui, se proposant d'écrire un ouvrage d'ensemble, avait réuni une quantité de refrappes, d'empreintes et de jetons. M. F. Feuardent joignit, vers 1894, cette Collection à la sienne et pendant toute sa longue vie, ne cessa de l'augmenter, accueillant avec la même ardeur le type nouveau et la plus humble variété.

Aussi, le catalogue en trois volumes publiés en 1904, 1907 et 1915, décrit-il plus de 15.000 pièces! C'est, de beaucoup, l'ouvrage le plus complet qui existe sur le sujet. Nous l'avons suivi de la façon la plus rigoureuse pour la rédaction du présent catalogue et nous avons indiqué entre parenthèses le numéro de référence de chaque pièce. Cela nous a permis de réduire les descriptions au minimum, puisqu'il suffira de se reporter à l'ouvrage de M. F. Feuardent pour avoir les renseignements les plus complets. Nous avons pris la seule liberté d'écarter les refrappes et quelques jetons frustes ou de faible valeur; on les trouvera réunis en lots à la fin de chaque série.

Cette première vente comprend toutes les pièces décrites dans le premier volume du catalogue Feuardent, du nº 1 au nº 6080, ainsi que les lots des doubles de certaines de ces pièces.

La suite de la collection — provinces, rois et reines de France, jetons des Pays-Bas — sera vendue en 1929.

E. B.

La collection, restée indivise, est vendue par suite de l'acceptation bénéficiaire de la succession de l'un des héritiers.

I. ADMINISTRATIONS

Conseil du roi

1 *François I.* Ecu de France. ℞. Salamandre et F couronné (1).
Arg. TB.   *Pl. I.*

2 — Le même et var. (2, 4). *Henri II.* 1551-2-3-5. Arc, carquois,
croissant (7 à 11, 14, 15). 1557-8. Types variés (18 à 20). Arg.
1 p. Fruste. C. 11 p. B. et TB.

3 1550. H couronné cerné de 2 palmes (6ᵃ). Arg. TB.

4 *François II.* F couronné sur une base portant 1560 (22). Arg. B.

5 *Charles IX.* 1566. La Concorde liant en couronne deux oliviers
(26, 27). 1572. Le Roi (?) soutenant deux colonnes (33, 33ᵃ).
Arg. 4 p. AB. et B.

6 1571. Alcyons nichés sur la mer (32). Arg. TB.

7 *Henri III.* 1577. VINCET AMOR PATRIAE. Couronne de laurier sur
un chêne (43, 44). Arg. et C. 2 p. TB.

8 1578. David. C. 1579. Amphion. Arg. et C. 1580. Jupiter. Arg.
(45ᵃ à 48). 4 p. B. et TB.

9 1581. Le Mont Olympe. 1585. Aigle sur un rocher. 1587.
La Paix. 3 p. Arg. et 3 p. C. 1582-3-4-8. Sujets variés. C.
(49 à 58). — Ens. 10 p. B. et TB.

10 S. d. SOL CVI VERA SALVS. VISVS VLCISCAR NEFAS LAVREA REGIS AMATA.
Sur un autel portant IN HAC ARA DICTATE ME épée laurée entre
Daphné et une gaine. En haut, LAVREVS HVICENSIS (60). Arg.
TB. Rare.

11 S. d. Guerrier (65). 3 couronnes (66). C. — IVSTITIA IN SESE VIRTVTES
CONTINET OMNES. Justice deb. (64). Arg. — Ens. 3 p. TB.

12 *Henri IV.* 1589. Soleil entouré de nuages. 1591. Navire sortant
d'un port (70ᵃ, 71). Arg. 2 p. TB. et B.

13 1591. VEL MARTE VEL ARTE. Deux guerriers deb. (non décrit). 1594.
Homme couché devant un lion (73). Arg. 2 p. B.

14 1596. TANTI EST PRÆSENTIA REGIS. Aigle mettant en fuite des
monstres ailés. Arg. Même pièce, de 2 cuivres (76, 78).
2 p. TB.

15 1597. Niveau sur un cube fleurdelisé. Arg. 1599. Caducée et
couronne. 1600. La Paix et la Justice 2 p. Arg. et 2 p. C.
(79 à 82, 84). — Ens. 6 p. TB.

16 1601. OPPORTVNIVS. Hercule et centaure (allusion au duc de
Savoie) terrassé (85, 86). Arg. et C. TB. Médaille, même type,
postérieure (86ᵃ). C. argenté. — Ens. 3 p.

17 1602. Arc-en-ciel. 1603. Couronne sur un mont. 1604. Grenade.
Arg. Même date. Renommée. C. 1605. Bouclier. Arg. et C.
(87, 89 à 93). 6 p. B. et TB.

18 1606. Temple de Janus. 1608. Essaim. 1609. 1610. Globe terrestre.
Arg. 4 p. Mêmes pièces ; variété au buste d'Henri IV, 1610.
C. (94 à 103). — Ens. 10 p. B. et TB.

19 Louis XIII. 1611. Soleil couchant. 1612. Fronde. 1613. Couronne
sur un autel. 1614. Trône. Arg. 4 p. Mêmes pièces, 1611-2 C.
(104 à 110). — Ens. 7 p. TB.

20 1615. Trois cœurs. 1616. Vigne. 1617. Miroir. 1617. Huit cœurs.
Arg. 4 p. Mêmes p. 1616-7 et autre, 1617. C. (111, 12, 114 à 118).
— Ens. 8 p. B. et TB.

21 1618. Main armée. 1619. Lion. 1620. Sphère sous les 7 zônes.
1621. Miroir. 1623. Etoiles et croissant. Arg. 5 p. Mêmes p.
1619, 21 ; autres, 1622. C. (119, 121 à 24, 126 à 130). — Ens.
10 p. B. et TB.

22 1623. Soleil. 1624. Zodiaque. 1625. Pallas. 1626. Balance céleste.
1627. Phare. (131 à 33, 135, 6). Arg. 5 p. B. et TB.

23 1630. Termes couchés, lis, etc. 1631. Double dextrochère. 1632.
Hydre à trois têtes. 1633. Balance. 1634. Aigle. Arg. 5 p. —
Mêmes p. 1632, 3, 4. C. (138 à 145). — Ens. 8 p. B. et TB.

24 1635. Deux cœurs. 1636. Dextrochère et hydre. 1637. Miroir.
1638. Lion. 1639. Ancre. 1640. Chardon. Arg. 6 p. et jetons C.
de 1638, 39, 1640, 41. (146-7-9, 151 à 54, 156 à 58). — Ens.
10 p. B. et TB.

25 1642. Cassette dans un temple. 1643. Dextrochère. S. d. Buste de
Louis XIII. Arg. 3 p. Types variés. C. (159, 162 à 70). — Ens.
10 p. B. et TB.

26 Louis XIV. 1646. Ecu de France. ℞. SIT REGNVM PRINCIPE CRESCIT.
Palmier entre deux lis (181). Or. TB. Rarissime. Pl. I.

27 1644 à 46, 48, 49, 51 à 54. Types variés. Arg. 9 p. et 21 p. C. de
1644 à 1655 (175 à 208 *sauf* 181, 88, 91, 202, 209). B. et TB.

28 1656. Arbre. Autre : fontaine. 1657. Arc et carquois. 1659.
Dextrochère et lion. 1660. L'Ile des Faisans. 1661. Arc de
triomphe. 1662. Sphère. (210, 12, 17, 22ª, 23, 27, 32). Arg.
7 p. TB.

29 *Lot* de jetons variés (Nᵒˢ non cités ci-dessus). 1 p. Arg. 105 p. C.
Quelques refrappes.

Substituts au Grand Conseil

30 *Louis XV.* REGI CIVIBVS ARIS. SVBSTITVTS AU GD CONSEIL 1755, dans
une couronne (262). Arg. TB.

Chancellerie

31 1619. Deux dextrochères. 1622. La Justice. 1625. Cassette. 1635.
Ruche (271, 74, 77, 85). Arg. 4 p. TB.

32 1612 à 20, 23, 24, 26, 28 à 30, 34 à 37. Types variés. (Nᵒˢ 263 à
289ª *sauf* 4 du lot préced.). Arg. 4 p. C. 21 p.

33 *Chanceliers.* DANIEL FRANCOIS VOYSIN CHANCELLIER DE FRANCE ET
SECRETAIRE D'ETAT DE LA GUERRE. ℞. Extraordinaire des guerres,
1715 (290). Arg. TB.

Secrétaires du roi

34 LOIS LESCHASSIER CONSᴱᴿ NOTAIRE ET. Ses armes. ℞. SECRETAIRE DV
ROY ET COVRONNE DE FRAN. Légende sur une banderolle 1588
(293). C. TB. Rare.

35 *Charles IX.* 1569 (291). *Henri III.* 1579 (292). C. 2 p. *Louis XIV.*
1654, 57, 60 (295, 97, 99). Arg. 3 p. — Ens. 5 p. TB.

36 1662, 73, 78 à 80, 83, 85, 88, 93, 98, 1701, 5, 11. Essaim (303, 4, 7,
9, 10, 13, 14, 17 à 21, 23). Arg. 15 p. B. et TB.

37 *Louis XV.* Même type. 1715, 24, 31. (324, 25, 27 à 38). Arg.
15 p. TB.

38 *Louis XVI.* Même type. 1776 (339, 40 ᵇⁱˢ, 41). Arg. 3 p. TB. Lot
de jetons et refrappes C. (Nᵒˢ non cités ci-dessus). 17 p. —
Ens. 20 p.

Justice

39 *Louis XIV.* 1659. La Justice. ℞. Le Temps. *Consulat.* Tribunaux
de Lyon (TN. 88. 2). Arg. 2 p. *Lot* de jetons C. et refrappe.
(342 à 47ª). — Ens. 8 p. B. et TB.

Avocats aux conseils du roi

40 *Louis XIV*. 1660. Ecu de France sous un dais soutenu par deux anges (348 à 5oᵃ). Arg. 1 p. C. 3 p. B. et TB.

41 1665. Buste à dr. ℞. Ecu de France du type précédent (351). Arg. FDC. Rare.   *Pl. I.*

42 1668. Tournesols sous le soleil (352). Arg. B.

43 1681. La Justice sur l'Hydre. ℞. M. YCARD. Dᴺ MENEVST. MARTEL. RONSSIN. PETIT. Sᶜ ET. SEGONZAC. Gᴿ Foy sous deux palmes (356). Arg. TB. Rare.   *Pl. I.*

44 *Louis XV*. 1725. Aiglons volant vers le soleil (359 à 61). Arg. 3 p. TB.

45 1738. AVOCATS AVX CONSEILS DU ROY CRÉES PAR EDIT DE SEPTEMᴮ. 1738 (362-3). Arg. et C. 2 p. TB.

46 1751. Aiglons regardant le soleil. 1762. Aiglons volant vers le soleil. (365 à 69, 371-2). Arg. 7 p. TB.

47 *Louis XVI*. Même date et type (373 et var. à 375). Arg. 4 p. *Lot.* Jeton de 1673 et refrappes diverses. C. — Ens. 12 p. TB.

48 *Adjoints au Conseil*. 1659. Le roi et un Génie. ℞. Gᴿ D Sᴬᵀ D. Mᴿˢ BAVTRV. BERNIER. LOYS. E. DVCHESNE. E. CHARLOT. Tapis fleurdelisé sur une table. Arg. TB. Rare. — Même pièce et variété de 1659. C. (377 à 78). — Ens. 3 p.

Grand Conseil

49 *Louis XIV*. S. d. Buste à dr. ℞. Globe, sceptre, main et banderolle avec VNICO VNIVERSVS. Arg. TB. Rare. 1661 et s. d. C. (383 à 86). — Ens. 4 p.

5o *Huissiers*. Buste de Louis XIV. ℞. HVISSIERS ORDᴿᴱˢ DV ROY E. DE SON GRAND CONSEIL. Arg. Rare. — Même p. 1651. C. 2 p. (387 à 89). TB.

Ordinaire des guerres

51 *Louis XIII*. 1634. Soleil, palmes et lauriers. 1637. Cavalier (390, 92). Arg. 2 p. TB.

52 1639. Trophée d'armes (395). Arg. TB. Rare.

53 1640. Armes posées près de lauriers (396). Arg. S. d. Buste du roi (397-7ᵃ). C. — Ens. 3 p. TB.

54 *Louis XIV*. 1644. Nid d'alcyon. 1645. Le roi deb. Autre, le roi près d'un autel. Arg. 3 p. — Mêmes dates. C. (398 à 402). — Ens. 6 p. B. et TB.

55 1646. Autel. 1647. La Paix. 1648. Lis sur des armes (403 à 405).
Arg. 3 p. TB.

56 1649. Couronne sur une table (407). Arg. TB.

57 1650. Couronnes (409, 10). Arg. et C. 2 p. TB.

58 1653. Aigle sur un caducée (414). Arg. TB.

59 1654. Hydre morte — la Fronde vaincue — (417). Arg. TB.

60 1655. MERITIS TRIBVENDA REFVNDO. Trophée (419). Arg. TB.

61 1660. MERCES ET CAVSA LABORVM. Couronne (425). Arg. TB.

62 1666. Zodiaque. 1667. Soleil. 1668. Lion de Flandre fuyant le coq
gaulois (432, 43, 44). Arg. 3 p. TB.

63 1672. La foudre. 1673. Hydre morte. 1675. Aigle. (446, 48, 55).
Arg. 3 p. TB.

64 1676. Foudre. 1677. Trophée. 1680. Laurier et olivier. (457, 60,
64). Arg. 3 p. B. et TB.

65 1681. Lis sous le soleil ; à l'exergue PAPAREL. 1690. Lion. (466, 70).
Arg. 2 p. B.

66 1693. Hercule foulant l'Hydre (481). Arg. FDC.

67 1697. Lions. 1698. Pallas. 1699. Arcs et carquois sur une colonne
(483 et var. 487, 92). Arg. 4 p. B. et TB.

68 1700. Pallas. 1701. Lion. 1702. Eléphant. 1703. Porc-épic. 1705.
Pallas. (494, 96, 97, 500, 505). Arg. 5 p. TB.

69 1706. Essaim. 1707. Palmier. 1708. Foudre. 1710. Ruche. (508, 10,
12, 15). Arg. 4 p. TB.

70 1712, 1714. Massue. 1715. Pallas au pied d'un olivier. (516, 18,
20). Arg. 3 p. TB.

71 *Lot* de jetons et refrappes, Louis XIII et XIV. (N⁰ˢ non cités
ci-dessus). Arg. 3 p. C. 72 p. La plupart B. et TB.

72 *Louis XV.* 1715. Pallas au pied d'un olivier. 1721. Lions. 1722.
Olivier. 1723. Lion couché, 2 variétés. (522, 27, 29, 30, 32).
Arg. 5 p. TB.

73 1724. Bouclier. 1725. Lions. 1727. Aigle fulminifère. (533, 35,
39, 41). Arg. 4 p. TB.

74 1728. Ruche. 1729. Eléphants. 1730. Essaim. (542 à 4, 546). Arg.
4 p. TB.

75 1731. Lions. 1732. Pallas. 1733. Casque sur un bouclier. 1734.
Aigles. (549 à 51, 554, 57). Arg. 5 p. TB.

76 1735. Buste avec natte tressée. ℞. Aigle et aiglons (559). Arg. TB.

77 1736. France assise. 1737. Ruche. 1738. La foudre. 1739. Mars
assis. 1740. Mars deb. (561, 63 à 66). Arg. 5 p. TB.

78 1741. Porc-épic. 1743. Laurier. 1745. Essaim. 1746. Foudre. 1747.
     Eléphants. (569, 72, 74, 76, 78, 79). Arg. 6 p. TB.
79 1748. La Foudre. 1749. Hercule au repos. 1751. Bombes et fusées.
     (583, 84, 86, 90, 91). Arg. 5 p. TB.
80 1752. Mars et la Paix. 1753. Castor et Pollux. 1754. Tournesol.
     1755. Cheval. 1756. Aigle. (593 à 95, 599, 601, 603). Arg.
     6 p. TB.
81 1757. Jupiter foudroyant les Titans. Bustes variés (605 à 9). Arg.
     5 p. TB.
82 1758. IMPATIENS PUGNÆ. Cheval sellé (611 à 13). Arg. 3 p. TB.
83 Lot de jetons et refrappes Louis XV (N⁰ˢ non cités ci-dessus).
     Arg. 1 p. C. 43 p. Et. 1 p. Alum. 1 p. La plupart TB.
84 *Louis XVI.* Buste à dr. ℞. Celui de 1757 (616). Arg. TB.

Extraordinaire des guerres

85 *François I.* 1522. F couronné entre deux lis couronnés. ℞. Sala-
     mandre. TB. Rare. Variété, fruste (617, 18). C. 2 p.
86 *Louis XIII.* 1615. Sceptre lauré et trophée (619). Arg. TB.
87 1620. Chiens attaquant un porc-épic (620). Arg. TB.
88 — Dextrochère et comète (621). C. B. 1622. La foudre et l'or
     tombant sur une ville (622, 23). Arg. et C. TB. — Ens. 3 p.
89 1625. EXTRAORD. DES. GVERR. D. DELA. LES MONTS. Ecus accolés.
     ℞. VIGILI. CVSTODE. ₮VGANTVR. Lions et dragon fuyant à la vue
     d'un coq sur la couronne de France (624). Arg. TB. Rare.
                                                         Pl. I.
90 1626. Troupe armée (625). C. 1628. Guerriers se donnant la
     main. Vipère mordant une main céleste (627, 28). Arg. —
     Ens. 3 p. B. et TB.
91 1631. Guerrier. s. d. Dextrochère foudroyant un chêne (629,
     34, 35). Arg. 3 p. TB.
92 Aigle au-dessus d'une ville (636, 37). Arg. et C. 2 p. TB.
93 1634. EXTᴿᴱ D. GVERRES ET CAVALERYE LEGERE. Globe fleurdelisé
     (630). Arg. TB.
94 1640. Porte de Turin (631, 32). Arg. et C. 2 p. TB.
95 *Louis XIV.* 1643. Ville et forteresse. 1647. Main arrosant des
     lauriers. 1648. Trophée. (633, 39, 41). Arg. 3 p. TB.
96 1652. Char d'Apollon. 1654. Hydre morte. 1657. Massue. (644,
     45, 49). Arg. 3 p. B. et TB.
97 1659. Dextrochère, palmier et olivier. 1661. Amour enflammant
     un trophé d'armes (650, 52). Arg. 2 p. TB. et B.

98 NEVFIESME EXERGICE D. Mᴱ P. LECLERC. Ecus. ℞. Aigle. A l'ex. EXTR. D. GVERRES. 1662 (655). C. TB.

99 1664. Pluie et foudre (656, 57). Arg. et C. 2 p. TB.

100 1665. SOLEM. ILLE. HIC. LVNAM. SISTIT. Louis XIV arrêtant la course du croissant. A l'ex. GERMANIÆ PAX (658). Arg. TB. Rare. *Pl. I.*

101 1668. Soleil. 1671. Lion et lionceau. 1674. Trophée (665, 71, 77). Arg. 3 p. B. et TB.

102 1675. Porc-épic. 1676. Cavaliers. 1677. Soleil (680, 83, 85). Arg. 3 p. B. et TB.

103 1680. IEN AY LA CLEF. Temple de Janus (691). Capitulation de Strasbourg. Arg. TB. Rare.

104 1682. Soleil. 1683. Trophée. 1691. La foudre. (692, 93, 97). Arg. 3 p. B.

105 1692. Feu de bois. 1693. Hercule et le Taureau. 1695. Mercure (701, 3, 6). Arg. 3 p. B. et TB.

106 1696. Atlas. 1697. Faisceau délié. 1699. 1700. Hercule. (707, 8, 11, 12). Arg. 4 p. B. et TB.

107 1701, 1703. Laurier. 1702. Forge. (718, 22, 24). Arg. 3 p. B. et TB.

108 1704. Hercule et l'Hydre. 1705. Hercule. 1706. Rocher (727, 30, 32). Arg. 3 p. B. et TB.

109 1707. Sanglier blessé. 1708. Cadmus. 1709. Vulcain. (734, 37, 40). Arg. 3 p. B. et TB.

110 1710. Atlas. 1711. Enlèvement de Déjanire. 1712. Hercule. (742, 45, 47). Arg. 3 p. B. et TB.

111 1713. Enlèvement de Déjanire. 1714. Minerve. 1715. Mars et la Justice. (749 à 51). Arg. 3 p. B. et TB.

112 Lot de jetons et refrappes *Louis XIII* et *XIV*. (Nᵒˢ non cités ci-dessus). Arg. 1 p. C. 77 p. En général TB.

113 *Louis XV.* 1716. Minerve (755, 55ᵃ, 57, 58). Arg. 4 p. TB.

114 1717. Main tenant une flèche ; sur une banderolle CONSEIL DE LA GUERRE. 1718. Lion. (759, 62. 64). Arg. 3 p. TB.

115 1719. Hercule. 1720. Minerve. 1721. Laurier. (765, 67, 70, 71, 74). Arg. 5 p. TB.

116 1722. Hercule. 1723. Laurier. 1724. Peau de lion sur un lit. (775, 77, 78, 80, 81). Arg. 5 p. B. et TB.

117 1725. Cheval. 1726. Eléphant. (783, 85, 86, 88). Arg. 4 p. TB.

118 1727, 1728. Hercule. 1729. Attributs d'Hercule et laurier (790 à 92). Arg. 3 p. TB.

119 1730. Trompettes et timbale. 1731. Mars. 1732. Couronnes. 1733. Faucon. (793, 95, 98, 800, 1). Arg. 5 p. TB.

120 1734. Foudres. 1735. La Justice. 1736. Chiens. 1737. Vulcain. (804, 6 à 8, 810, 11 ª). Arg. 6 p. TB.

121 1738. Palmier. 1739. Apollon. 1740. Eole. 1741. Foudre. 1742. Pluie et éclairs. (812 à 14, 816, 18). Arg. 5 p. TB.

122 1743. Chute d'eau. 1744. Hercule. 1745. Jupiter. (820, 24, 26). Arg. 3 p. TB.

123 Même année. OPPOSITAS EVICIT MOLES. Torrent emportant un barrage (821, 32, 33). Arg. 3 p. TB.

124 1746. Lion chassant des fauves. 1747. Jupiter. 1749. Mars devant le temple de Janus. 1750. Attributs d'Hercule sur un olivier. (828, 30, 34, 39, 41, 42). Arg. 6 p. TB.

125 1751. Forgerons. 1752. Mars et l'Amour. 1753. Mars et la Paix. (844 à 48). Arg. 5 p. TB.

126 1754. Lutteurs. 1755. Tournoi. 1756. Pégase. 1757. Hercule et Géryon. 1758. Hercule et le Centaure. (850, 51, 55, 57, 58, 60). Arg. 6 p. TB.

127 1759. La foudre. 1760. Aigle, faucon et corbeaux. 1761. Minerve. (861 à 66). Arg. 6 p. B. et TB.

128 1763. Chêne. 1764. Monceau d'armes. 1765. Mars et la Paix. 1766. Lions. 1767. Hercule. (867, 870 à 75). Arg. 7 p. TB.

129 1768. Torrent. 1769. Mars enchaîné par la Paix. 1770. Lions. (877, 78, 80, 80 ª, 81). Arg. 5 p. TB.

130 1771. Aigles. 1772. Soldat laboureur. 1773. La France présente à la troupe un médaillon de vétérance. 1774. Soldat couché sous un laurier. (882 à 86, 88, 90). Arg. 7 p. TB.

131 *Louis XVI*. 1774. Type du précédent. 1775. Essaim. 1776. Minerve. 1777. Mars et la Paix. 1778. Ruche. (892 à 94, 96, 98 à 900, 903, 4). Arg. 9 p. TB.

132 Lot de jetons et refrappes *Louis XV* et *XVI*. C. 53 p. Alum. 1 p. Et. 3 p. La plupart TB.

Trésoriers Militaires

133 *Henri IV*. 1594. Arg. (?) et C. 1601. C. *Louis XIII*. 1635. Arg. et C. 1639 (?). Arg. (905 à 10). — Ens. 6 p.

134 *Louis XIV*. Buste à dr. ℞. Dextrochère. A l'ex. ORD. DES GVERRES. ET. RIEF. R. GEND. M. PAPAREL. TRESORIER 1679. (911). Arg. TB.

135 Foudre et pluie. A l'ex. ORD. DES GVERRES. PAPAREL. TRES. 1682 (912). Arg. TB.

136 Porc-épic. Même exergue 1684. (927, 28). Arg. et C. 2 p. TB.

137 Hercule ; à l'ex. AERARIVM MILITAR ORDINARIV. 1687. (931). Arg. TB.

138 Jetons de Paparel (913 à 25). Divers et refr. (926, 29, 30, 32, 32ᵃ).
C. 18 p. B. et TB.

139 ✠ M.GAILLARD SPIFAME. TRESORIER. Ecu de France. ℞. ✠ VOLABO.
ET. REQVIES. Ses armes (933). C. TB. Rare.   *Pl. I.*

140 Mᴵ . I. LAGVETTE TRESORIER. Ecu de France. ℞. EXTRAORD. DE. LA.
GVERRE. 1528. Salamandre et F couronnés (934). C. TB. Rare.
          Pl. I.

141 L. LONGVET. Tᴿ Gᴸ D. LEXᴿᴱ D GVERRES. ET CAVAᴿᴵᴱ. Ecu. ℞. Aigle,
1658 (935, 36). Arg. et C. 2 p. TB.

142 Mᴿᴱ G. CHARRON Tᴱᴿ Gᴸ D. LEXᴿᴱ D. Gᴿᴱˢ E. Cᴿᴵᴱ Lᴿᴱ. Buste du roi à dr.
A l'ex. LVD. XIIII. ℞. Soleil. 1660. (937). Arg. TB. Rare.
          Pl. I.

143 1785. Aigle fulminifère. 1688. Lion. 1689. Mortier bombardant
une ville. (938, 41, 51). Arg. 3 p. TB.

144 1687. Lion entouré de chiens. Arg. AB. Jetons divers et refr.
(939, 40, 942 à 50, 52). C. 11 p.

Artillerie

145 1570. *J. d'Estrées* et *A. de Gontaut de Biron.* C. TB. Ecu de
Gontaut de Biron. ℞. Hermine. Arg. B. (954, 55). 2 p.

146 Variété. 1578. Arg. et C. 1574. Ecu de Gontaut de Biron. ℞. Ecu
de *La Guiche.* Arg. (957 à 58ᵃ). — Ens. 3 p. B. et TB.

147 1579. La Guiche. C. 1597. *d'Espinay.* C. S.d. *Sully.* Aigle
au-dessus de canons. Arg. (959, 60, 62). 3 p. B. et TB.

148 Variété du précédent. Aigle sur une ville (961). Arg. TB.

149 Autre, 1624. NEC FVLMINA TERRENT. Laurier sous l'orage (963). Arg.
TB.   *Pl. I.*

150 S. d. Ecus de France Navarre. ℞. Aigle sur deux canons. Arg.
et C. 1625. *Desportes.* C. (964 à 65). 3 p. B. et TB.

151 S. d. Ecu de *La Porte de la Meilleraye.* ℞. Canon démolissant
une tour (966). Arg, TB.

152 1650. Même écu. Navire foudroyé (967). Arg. TB.

153 Autre, 1652. ℞. Mars tenant le foudre. (968, 69). Arg. et C.
2 p. B.

154 Autre, 1654. Aigle sur une porte (971). Arg. TB.

155 1669. Ecu de *Mazarin.* ℞. Canon (973). Arg. TB.

156 — Même pièce et var. 1668, 1670, 1682, 1683. Ecu de *Daillon,
comte de Lude.* (972, 74, 75, 81, 83). C. 5 p. B. et TB.

157 1678. Même écu. ℞. AVT FERRO AVT VINCERE FLAMMA. Mortier bombardant une ville (977). Arg. TB.

158 Autre. 1679. ℞. Canon (978). Arg. TB.

159 — 1681. Armes jonchant le sol. 1684. Canon. (980, 84). Arg. 2 p.
B. et TB.

160 — 1685. Canons et mortiers (986). Arg. TB.

161 1686. Ecu du *maréchal de Humières*. ℞. Bombe (988). Arg. B. —
Autre. 1691. Trophée d'armes (999). C. TB. Troué. — Ens. 2 p.

162 Autre, 1687. L'Aigle de Jupiter (991). Arg. TB.

163 — 1694. FLAMIFERO VOMIT ORE MORTEM. Canon (1002). Arg. TB.

164 1695. Buste de *L.-A. de Bourbon, duc du Maine*. ℞. Minerve
foudroyant un navire. (1003). Arg. TB.

165 Autres. 1698. Jupiter. 1701. Bombe, 1702. Dragon gardant la
Toison d'or. (1008, 14, 17). Arg. 3 p. B. et TB.

166 — 1704. COMPESCENT IGNIBVS IGNES. Batterie bombardant la ville
de Kehl (1025). Arg. FDC.   *Pl. I.*

167 — 1705. NON SATIS EST TONVISSE SEMEL. Jupiter foudroyant un
Titan (1030). Arg. FDC.

168 — 1707. JOVIS DENVNCIAT IRAS. Foudre (1036). Arg. TB.

169 — 1708. Bombe 1709. Canon (1039, 42). Arg. 2 p. TB.

170 — 1710. PRORUET INTEGRUM. Canon (1044). Arg. FDC.

171 — 1712. ILLA VSQVE MINANTVR. Canons (1048). Arg. FDC.

172 — 1714. PRISTINVS EST OLLIS VIGOR. Bombardement (1051). Arg.
TB.

173 Buste de Louis XIV. ℞. du précédent. 1715. B. Buste du duc du
Maine. ℞. Monceau d'armes. FDC. (1053, 54). Arg. 2 p.

174 1730. Même buste. ℞. REGALIS NUNCIA PARTUS. Autres, au buste de
Louis XV (1065, 67, 69). Arg. 3 p. TB.

175 1731. Buste du duc du Maine. ℞. Bergers découvrant des canons
(1070). Arg. TB.

176 1732. Même buste. ℞. Sceptre sur un autel entouré d'armes.
Autre, au buste de Louis XV. (1072, 74). Arg. 2 p. TB.

177 1733. Buste du duc du Maine. ℞. Globe et Foudre. Autre, buste
de Louis XV. (1075, 77). Arg. 2 p. TB.

178 1734. Buste de Louis XV. ℞. Minerve faisant monter des canons
(1078, 80 à 82ª). Arg. 5 p. TB.

179 1735. Volcan. 1736. Jupiter. Autre au buste de *Louis Ch. de
Bourbon, duc d'Aumale*. (1084, 86, 87). Arg. 3 p. TB.

180 1737. Même buste. ℞. Aigles, Autre, buste de Louis XV. (1088,
90). Arg. 2 p. TB.

181 1738. Dragon. 1739. Dogue. (1091, 94). Arg. 2 p. TB.

182 1740. Buste du duc d'Aumale. ℞. Coq. 1741. Trompette sur un
   autel (1095, 97). Arg. 2 p. TB.

183 1743. Buste de Louis XV. ℞. La Foudre. 1743. Même sujet
   (1101, 5). Arg. 2 p. TB.

184 1746. Buste du duc d'Aumale. ℞. Jupiter. Autre, buste de
   Louis XV. (1106, 9). Arg. 2 p. TB.

185 1748. Buste du duc d'Aumale. ℞. La Foudre sur une forteresse.
   1749. Aigle au-dessus du globe. 1750. Bélier. (1112, 16, 19,
   19ᵃ). Arg. 4 p. TB.

186 1752. La Foudre. 1753. Foudre sur un autel. Autre, buste de
   Louis XV. (1122, 24, 26). Arg. 3 p. TB.

187 1754. Buste du duc d'Aumale. ℞. Machine électrique. 1755.
   Canons enchaînés. Autre, buste de Louis XV. (1127, 30, 32).
   Arg. 3 p. TB.

188 *Lot* de jetons et refrappes au buste du duc du Maine (1003ᵃ, 6 à 7,
   9 à 11, 13, 15, 16, 18 à 20, 22 à 24, 26 à 29, 31 à 35, 37, 38, 40,
   41, 43, 45 à 47, 49, 50, 52, 55, 56, 61 à 64, 66, 71, 73, 76, 83, 85).
   C. 48 p. La plupart TB. et FDC.

189 — Buste du duc d'Aumale (1089, 92, 93, 96, 98 à 100, 1102, 4, 7,
   8, 10, 11, 13, 14, 15, 17, 20, 21, 23, 25, 28, 29, 31). C. 23 p.
   Alum. 1 p. En général TB. et FDC.

190 Jetons et refrappes (Nᵒˢ non cités ci-dessus). C. 29 p. Et. 2 p. La
   plupart TB.

191 *Artillerie et génie.* 1758. Buste de Louis XV. ℞. Minerve exami-
   nant un plan. Arg. et C. S. d. Minerve assise (1134 à 39). Arg.
   — Ens. 6 p. TB.

192 *Bombardiers.* MDLXIIII. Ecu de France. ℞. Batterie tirant sur un
   fort. B. Rare. Autre, s. d. fruste. (1140, 41). C. 2 p.

193 *Ecole d'artillerie.* 1727. Buste du duc du Maine. ℞. Canons bombardant une place forte (1142, 42ᵃ). Arg. et C. 2 p. TB.

Cavalerie légère

194 1631. Ecus de France Navarre. ℞. PIGNVS LILIORVM. Plan de Pigne-
   rol. Arg. TB. Rare. Jetons divers. C. 5 p. B. et TB. (1143 à 48).
   — Ens. 6 p.

Gendarmerie

19ä MD. LVI. Guerrier tenant un cheval cabré. A l'ex. : ARMIPOTENTI
GALLIAE. ℞. DONEC TOTVM IMPLEAT ORBEM. Croissant couronné
entre deux cornes d'abondance (1149). Arg. TB. Très rare.
Pl. I.

196 1583. Ecu de France. ℞. SENTIT EQVVS DOMINVM. Cavalier (1151).
Arg. TB.

197 Même pièce et var. C. *Trésoriers payeurs* 1663. Arg. et C. *Cie des
Becs à corbin*. Ecu de M. d'Andilly. C. (1150 à 54). 6 p.

Suisses et Grisons

198 1639. Ecu de France. ℞. CONCORDIA NESCIA VINCI. Faisceau de
flèches en croix (1161). Arg. TB.

199 Divers (1155 à 60, 62 à 75). C. 19 p. Et. 1 p. B. et TB.

Officiers du guet

200 1733. Les Dioscures. ℞. Armes de Maurepas. Autre, armes
d'Argenson (1176, 7). C. 2 p. B.

Marine

201 S. d. G. CONTE DE COLIGNY S. DE CHLON AMIRAL DE FR. Ses armes.
℞. Monogr. (1178). C. B. Rare.

202 Même type avec G. DE COVLLIGNY. ℞. Trophée naval (1179).
C. TB. Rare.

203 1593. CHARLES DE G. DE BIRON ADMIRAL DE FRANCE. Ses armes.
℞. Hémisphère (1180). Arg. B. Rare.

204 1646. ARM. DE MAILLE DV. DE BREZE., etc. Ses armes. ℞. Navire.
Arg. TB. Rare. Même p. et var. C. B. et TB. (1183, 5). 3 p.

205 1662. CESAR DVC DE VANDOSME. Buste à dr. ℞. Navire. Arg. —
Variété, 1656. C. (1187, 89). 2 p. B. et TB.

206 1669. FR. DE VANDOSME DVC DE BEAVFORT. Buste à dr. ℞. Boussole
(1197). Arg. FDC.

207 1670. LOUIS DE VERMANDOIS ADMIRAL DE FRAN. Buste à dr. ℞. Alcyon
(1200). Arg. TB.

208 Autre, 1673. Navire. 1674. Gouvernail (1207, 9). Arg. 2 p. B. et
TB.

209 — 1679. Dauphin. 1680. Boussole (1215, 16). Arg. 2 p. TB.

210 — 1681. Phare. 1682. Gouvernail. 1683. Bombe (1218 à 20). Arg.
3 p. B. et TB.

211 Lot de jetons et refr. (N^{os} non cités de 1181 à 1217). Arg. 3 p. AB. C. 24 p. B. et TB.

212 1687. L. ALEX. DE BOVRBON. C. DE TOVLOVSE. ADMIRAL. DE F. Buste à dr. ℞. Char de Neptune. 1688. Navire. (1224, 26). Arg. 2 p. TB.

213 — 1690. Le comte de Toulouse dans un char marin. 1691. Char de Neptune. (1227, 29). Arg. 2 p. B. et TB.

214 — 1694. Navire Argo. 1695. Rocher (1232 à 4). Arg. 3 p. B. et TB.

215 — 1700. Nef étoilée dans les airs. 1701. Trident. (1242, 45). Arg. 2 p. TB.

216 — 1703. Phénix. Arg. et C. Autres, buste de Louis XIV. (1253 à 6). Arg. 2 p. C. 2 p. TB.

217 1704. Buste du comte de Toulouse. ℞. Hercule combattant Géryon (1257 à 60). Arg. 1 p. C. 3 p. B. et TB.

218 — 1705. Aigle foudroyant 4 navires. Autre, buste de Louis XIV. Arg. 2 p. Même p. et variété. C. 3 p. (1261 à 5). TB.

219 1706. Buste du comte de Toulouse. ℞. Protée. Autre, buste du roi. 1707. Boussole. 1708. Mercure. Autre, buste du roi (1266, 70, 71, 74, 77). 4 p. Arg. La dernière C. B. et TB.

220 1709. Buste du comte de Toulouse. ℞. Hercule (1278 à 80). 1 p. Arg. 2 p. C. TB.

221 — 1710. Boussole. 1711. Hercule. 1712. Char de Neptune et var. au buste du roi. (1281, 85, 87 à 90). Arg. 4 p. C. 2 p. B. et TB.

222 1714. Ecus accostés de Jérôme Phelypeaux comte de Pontchartrain et Laubespine. ℞. Char de Neptune (1295). Arg. TB. Rare.

223 — Même pièce et var. aux armes de Phelypeaux (1296, 97). C. 2 p. TB.

224 Buste du comte de Toulouse. ℞. du précéd. 1715. Arc. 1716. Minerve. Arg. 3 p. Variété du précéd., buste de Louis XV. C. 2 p. (1292, 98, 1300, 2, 3). — 6 p. B. et TB.

225 — 1717. Navire. 1718. Croissant sur la mer et var. au buste du roi. (1304, 7, 10, 11). Arg. 3 p. C. 1 p. B. et TB.

226 — 1720. Amphitrite et naïades. 1721. Ruche. Et mêmes p. au buste du roi (1314, 16, 17, 20). Arg. 4 p. B. et TB.

227 1722. Buste du comte de Toulouse. ℞. La lune sur la mer. 1724. Navire (1321, 26). Arg. 2 p. TB.

228 Buste du roi. ℞. du précéd. 1723. Laurier. 1725. Tritons. (1325, 28, 28ᵃ, 30). Arg. 4 p. TB.

229 1726. Buste du comte de Toulouse. ℞. Croissant sur les flots. 1727. Faucons ; et variété au buste du roi. 1729. Trident. (1331, 33, 36, 37, 40). Arg. 5 p. TB.

230 — 1730. Faucon attaquant des oiseaux. 1731. Aigle. Et mêmes p. au buste du roi. (1342, 44. 45, 47). Arg. 4 p. TB.

231 — 1732. Neptune tuant des monstres. 1733. Mercure ; et var. au buste du roi. 1734. Vol d'aigles. (1348, 50, 52, 53). Arg. 4 p. B. et TB.

232 — 1739. Tête de Méduse. 1736. Mortier (1355, 57). Arg. 2 p. TB.

233 Buste de Louis XV. ℞. du précéd. 1737. Buste du comte de Toulouse. ℞. Boussole. 1738. Aigle. (1359, 60, 61, 63). Arg. 4 p. TB.

234 Grand lot de jetons et refr. au buste du comte de Toulouse (Nᵒˢ non cités de 1221 à 1364). Arg. 3 p. C. 65 p. En général TB.

235 1739. L. J. M. DE BOURBON E. DE PENTHIEVRE AMIRAL DE Fᶜᴱ. Son buste à dr. ℞. Neptune. 1740. Char de Neptune. (1365, 67). Arg. 2 p. TB.

236 — 1742. Amphitrite. Autre, buste du roi. 1743. Lions. (1369, 71, 72). Arg. 3 p. TB. et FDC.

237 — 1744. Thétis. 1745. Les Vents sur la mer. 1746. Galère Argo. (1374, 76, 77). Arg. 3 p. TB.

238 1747. Boussole. 1748. Lion ; autre, buste du roi. (1378, 80, 80ᵃ). Arg. 3 p. TB.

239 1749. Chêne courbé par le vent. 1750. Mer agitée. 1754. Cheval marin. 1756. Buste de Louis XV. ℞. Aigle au-dessus de la tempête. (1381, 83, 89, 94). Arg. 4 p. TB.

240 1757. Buste du duc de Penthièvre. ℞. Combat de fauves. Autres, buste du roi. (1395 à 98). Arg. 4 p. B. et TB.

241 — 1758. Calaïs et Zethès combattant les harpies. Autres, au buste du roi. (1399, 1401 à 2ᵃ). Arg. 4 p. TB.

242 Jetons et refr. au buste du duc de Penthièvre (Nᵒˢ non cités de de 1366 à 1400). Et. 1 p. C. 16 p. B. et TB.

Galères

243 1680. LE DVC. DEVIVONNE. Mᴬᴸ DE. FRAN. GENᴬᴸ DES. GALERES. Ses armes. ℞. Galère (1403). Arg. TB.

244 — 1681. PLVS. VENTIS. METVENDVS. ET. VNDA. Canon (1404). Arg. TB.

245 — 1683. OBLVCTANTIA QVÆRIT. La Foudre (1408). Arg. TB.

246 — 1687. FRVSTRA MORANTVR EVNTEM. Fleuve débordé (1413). Arg. FDC.

247 1696. LOUIS DUC DE VENDOSME GENERAL DES GALERES. Ses armes. ℞. DAT SPERNERE FVLMINA. Laurier (1433). Arg. FDC.

248 — TERRORI. SVCCEDIT. AMOR. Sirènes au milieu de galères en
flammes (1439). Arg. FDC.

249 — 1700. AEQUORA LUSTRANDO PACAT. Neptune (1441). Arg. TB.

250 Tête de Louis XIV. ℞. Oiseaux fuyant un aigle. 1703. Ecu du
duc. ℞. Méduse. (1442, 45, 47). Arg. 3 p. TB.

251 — 1706. EXITIUM SI QUIESQUAM ADEAT. Sirènes (1453). Arg. FDC.

252 — 1707. VRGET AMOR PUGNÆ. Faucons. (1456 à 8). Arg. 1 p. C. 2 p.
B. et TB.

253 — 1708. Char de Neptune. 1709. Tête du roi. ℞ Dragon des
Hespérides. (1459, 62). Arg. 2 p. TB.

254 1710. Armes du duc. ℞. Huître perlière. 1711. Carquois (1465, 66).
Arg. 2 p. TB.

255 — 1712. ETIAM TRANQVILLA TIMETVR. Méduse étendue sur un rivage
(1468). Arg. FDC.

256 1697 à 99, 1701 à 6, 8, 11, 12. Ecu du duc de Vendôme. (1435, 37,
40, 43, 44, 46, 48 à 51, 55, 60, 67, 69, 70). C. 15 p. TB.

257 1713. LE MᴬL DE TESSE Gᴰ DESPAGNE GᴬL DES GALLERES DE FRANCE. Ses
armes. ℞. Neptune et la reine des Mers. 1714. Sirènes. Arg.
2 p. Les mêmes. C. 3 p. (1471 à 75). B. et TB.

258 1715. Faucons. C. 2 p. et même jeton, buste de Louis XIV. Arg.
(1476 à 78). 3 p. TB.

259 1717. Buste de Louis XV. ℞. Amphitrite (1482 à 5). Arg. 2 p.
C. 2 p. B. et TB.

260 1718. LE CHEVALIER D'ORLÉANS GENERAL DES GALERES. Ses armes.
℞. NEC SPONTE QVIESCVNT. Eole renfermant les vents (1486).
Arg. TB.

261 — 1715. NEPTVNIA PROLES. Néréïdes (1488). Arg. FDC.

262 — 1720. Chasseur découplant ses chiens et var. au buste du roi,
(1491, 94). Arg. 2 p. TB.

263 1721. Buste de Louis XV. ℞. Galère. 1722. Hercule endormi.
1723. Sirènes. 1724. Oiseaux (1496, 97ᵃ, 1500, 3, 3ᵃ). Arg. 5 p.
TB.

264 1725. Ecu du chevalier d'Orléans. ℞. Aigles. 1728. Sirènes
(1504, 9). Arg. 2 p. TB.

265 Buste du roi. ℞. du précéd. 1729. Néréide pêchant des perles.
1731. Jeton aux armes du chevalier, contremarqué d'une ancre.
(1512, 14, 15, 17). Arg. 4 p. B. et TB.

266 1734. Ecu du Chevalier. ℞. Tritons ; autre, buste du roi. 1735.
Neptune et Néréides. (1521, 24, 25). Arg. 3 p. TB.

267 1736. Ecu dn Chevalier. ℞. Ruches. 1737. Buste du roi. ℞. Carquois. (1526, 29). Arg. 2 p. TB.

268 1739. Ecu du Chevalier. ℞. Navires. 1740. Tritons (1532, 3). Arg. 2 p. TB.

269 1741. Buste du roi. ℞. Dauphins. 1743. Ciel étoilé et nuages. 1745. Neptune. (1536, 40, 44, 45). Arg. 4 p. B. et TB.

270 — 1746. Flèche. 1747. Faucon. (1546, 48). Arg. 2 p. TB.

271 1748. Ecu du Chevalier. ℞. Sirènes (1549). Arg. FDC.

272 Jetons et refr. aux armes du Chevalier d'Orléans (1487, 89, 92, 93, 95, 97 à 99, 1502, 5 à 8, 10, 11, 13, 16, 17ᵃ à 20, 22, 23, 25 ᵃ, 27, 28, 30, 31, 34 à 35ᵃ, 37 à 39, 41 à 43, 47, 50). C. 39 p. La plupart TB.

273 *Académie royale de Marine.* 1769, 1778 (1551, 52, 54, 55, 55ᵃ). *Invalides de la Marine.* 1773. Octog. (1556). Arg. 6 p. C. 1 p. TB.

274 *Pensions de la Marine.* Buste de Louis XIV. ℞. TVTI QVOS RECIPIT. Navires et port. A l'ex. IVS ANNVÆ PENSIONNIS CONCESSVM MDCLXXXIII. (1557). Arg. B. Rare.

275 *Lot* de jetons et refr. (Nᵒˢ non cités de 1405 à 1556ᵃ). Arg. 3 p. C. 37 p. La plupart B. et TB.

Colonies Françaises

276 Buste habillé de Louis XV à dr. non signé. ℞. Castors au travail. A l'ex. COL. FRANC. DE L'AM. 1754. (1565). Arg. TB. Rare.

277 — Autre exemplaire (1566). Arg. TB. Rare.

278 Tête laurée signée *R. filius.* ℞. du précéd. (1567). Arg. TB. Rare.
Pl. I.

279 Buste de Louis XVI à dr. ℞. du précéd. (1584). Arg. TB. Rare.

280 Buste cuirassé de Louis XV signé *fm.* ℞. NON VILIUS AUREO. Galère Argo. A l'ex. COL. FRAN. DE L'AM. 1755 (1571). Arg. TB. Rare.
Pl. I.

281 Même buste. ℞. Ruches et abeilles. A l'ex. COL. FRAN. DE L'AM. 1756. (1576). Arg. TB. Rare. *Pl. I.*

282 Buste habillé de Louis XV, n. s. ℞. Guerrier guidé par Neptune. Même ex., daté 1757 (1578). Arg. TB. Rare. *Pl. II.*

283 Tête laurée de Louis XV, signée *m.* ℞. du précédent (1580). Arg. TB. Rare.

284 Jetons semblables aux précédents et variétés. 1751 à 58. Quelques refrappes (Nᵒˢ non cités de 1538 à 83). Arg. 3 p. C. 16 p. La plupart TB.

285 *Castorland.* 1796. Buste lauré de la Colonie à g. ℞. Cérès près
d'un érable (1585, 86). Arg., C. Refr. 3 p. TB.

286 *Guyane française.* Agriculture et commerce. Société royale
d'agr. de Paris. Arg. et Refr. C. *Guadeloupe.* Petit jeton C.
avec GP. (1587 à 91). 5 p. TB.

287 *Compagnie des Indes.* 1785. Buste de Louis XVI. ℞. Armes de la
Compagnie (1594). Oct. Arg. TB.

288 1723. Ecu de la Compagnie. ℞. Navire. *Liberté des mers.* Paix de
Paris, 1783. Arg. 2 p. — Mêmes p. C. (1592 à 96). Ens. 4 p. TB.

Ordres du Roi

289 *Mont-Carmel et Saint Laʒare.* Buste de Louis XV. ℞. LOUIS DUC
D'ORLÉANS GRAND MAITRE. Ses armes. (1599). Arg. TB.

290 Ecu de Monsieur. ℞. LOU. STA. XA..., etc. 1773. Oct. Arg. Divers.
C. *Saint Laʒare.* Médaille. Et. (1597, 98, 1600 à 1603). Quelques refrappes. 7 p.

291 *Saint Esprit.* 1633, 41, 49. Ecus accolés. ℞. Colombe et flammes
(1608 à 9). Arg. 3 p. TB.

292 1662. Ecu de France. 1693, 1701, 14. Tête de Louis XIV. ℞. Analogue (1610, 13, 14, 16). Arg. 4 p. AB., B. et TB.

293 1717 pour 1715. Buste de Louis XV. ℞. Analogue (1618, 19). Arg.
2 p. TB.

294 1728. Tête ou buste de Louis XV. ℞. Même type (1620 à 24). Arg.
7 p. B. et TB.

295 1740. Même type et variété octogone. Autres au buste de
Louis XVI (1626, 27, 29 à 31). Arg. 5 p. B. et TB.

296 + POUR LE ROY. Colombe. ℞. + C. PICHOT GARDE. Lis couronné
(1605). Divers et refr. (1606, 6ª, 7, 10ª à 12, 15, 17, 25, 28, 32).
C. 12 p.

297 *Saint Louis.* S. d. Tête ou buste de Louis XV. ℞. Saint Louis
deb. (1633 à 38, 40, 41). Arg. 8 p. TB.

298 Autres, tête ou buste de Louis XVI (1642, 43). Variété, 1779.
℞. Insigne de l'ordre. Octog. (1644 à 48). Arg. 6 p. C. 2 p. TB.

299 *Saint Jean de Latran.* Buste de Louis XV. ℞. LES CHEVALIERS
COMTES DE S. JEAN DE LATRAN. Croix de l'ordre (1653). Arg. B.
Rare.

300 — Autres. (1654 à 56). *Saint Sépulcre et Jérusalem.* (1649 à 52).
Refr. Arg. 2 p. C. 6 p. TB.

3o1 *Trésoriers Contrôleurs des ordres.* Insigne de l'ordre du St Esprit. ℞. Ecus en croix de LEVASSOR. PATV. BOVSSELIN. DAMOND (1657). C. TB. Rare.

3o2 *Ambassadeurs.* Ecu couronné. ℞. LE CHEVALIER DE CANAL AMBASSADEUR DE VENISE (1658). Arg. TB. Rare.   *Pl. II.*

Connétable et Maréchaussée

3o3 Dextrochère. ℞. Bâtons en sautoir et monog. (166o à 63). Arg. 2 p. C. 3 p. dont 2 refr. TB.

Chambre des Comptes du Roi

3o4 Jetons gothiques, écu à 2 fasces, écu de Maupin, tête royale, châtel, écu de France, etc. (1664 à 92). C. 33 p. En général B.

3o5 Ecu de Clairin le Paumier. Ecu de Chanteprime (1693, 94). C. 2 p. AB. et B. Rares.

3o6 + GETOVERS : SIMON : CHARLES : CHEVALIER. Ecu de France. ℞. + PRÉSIDENT : DE : LA : CHAMBRE : DES : COMPTES. Croix cantonnée de 4 K (1596). C. B. Très rare.

3o7 Armes de Jean Brinon (1695). C. B. Rare.

3o8 Devise de Gouzon de Thoisy. Armes de Hélye Odeau. Armes de Jean Leclerc (1697ᵃ à 99). C. 3 p. AB. et B. Rares.

3o9 158o. Ecu de France. ℞. SVBDVCENDIS RATIONIBVS. Uranie mesurant la sphère (176o). Arg. TB.

31o Jeton de la ch. des comptes du roi notre sire (1697). Jetons de François I à Louis XIII (17oo à 59, 61 à 99). C. 1o5 p. La plupart B. et TB.

311 *Maîtres des comptes.* MAISTRE CLAVDE VIOL MAISTRE DES COMPTES 1632 (en creux). Plaque uniface à bélière (18o1). C. TB. Rare.   *Pl. VIII.*

312 Armes de Pierre de Valles (18oo). *Correcteurs des comptes.* Salamandre. ℞. Lis couronné et 7 F. Armes de Simon Teste (18o2, 4). C. 3 p. AB. et B. Rares.

313 GVILLAVME DE MARSEILLE Sᴿ DE MAISONS. Ses armes (18o3). C. B. Rare.

314 1641, 1644. Justice assise. S. d. Justice deb. (18o5 à 9). Arg. 2 p. C. 3 p. TB.

315 *Procureurs des comptes.* Pierre Seguier (181o). C. Rare. AB. 1706, 1708, Alcyons faisant leur nid. S. d. Tête de Louis XV. ℞. Même sujet. *Bourse commune.* Ruche (1811 à 19ᵃ). Arg. 6 p. C. 6 p. B. et TB.

316 *Huissiers*. HVISSIERS. EN. LA. CHAMBRE. DES. COMPTES. L'Annoncia-
tion. ℞. ET. DV. TRESOR. AV. PALAIS. A. PARIS. Ecus de France et
de Navarre (1820). Arg. et C. 2 p. B. et TB. Très rares.

317 *Clercs*. 1741. Buste de Charlemagne. ℞. Armes des officiers de
l'Empire de Gallilée (1821). Arg. TB.

Chambre de Justice

318 1662. AVRVM. OMNE PROBABIT. Réchaud. ℞. Justice assise. 1665.
Hercule. ℞. Justice. Arg. 2 p. Mêmes p., autres et refr. C.
(1822 à 29 c). — Ens. 15 p. B. et TB.

Trésor Royal

319 AS TRESORIERS LE ROY. Ecu fleurdelisé (non décrit). Rare. Jetons
banaux; clef, clefs en croix, etc. (1830 à 44, 46 à 56). C. 30 p.
B. et TB.

320 GETOVERS. DV. TRESER. Le trésorier à genoux. ℞. DOVLTRE MER.
Croix fleurdelisée (1845). C. B. Légère ébréchure. Très rare.
Voir Schlumberger. Orient Latin pl. XI. N° 17.

321 CHARLES : DORGEMONT : CHEVALIER. Ses armes. ℞. S : DE : MERI : ET :
TRESORIER : DE : FRANCE. Croix cantonnée de 4 K (1857). C. TB.
Très rare. *Pl. II.*

322 + IAQVES : CHARMOLVE : CHANGEVR : DV : TRESOR. Ses armes. ℞. + ET :
NOTAIRE : ET : SECRETAIRE : DV : ROI : NRES. Champ semé de 1 T
(1858). Arg. TB. Rare. *Pl. II.*

323 Ecu aux armes de Philibert Babout. ℞. Targe sur champ fleur-
delisé (1859). C. TB. Très rare. *Pl. II.*
Ex. Collection Pichon n° 1018, où il est attribué à Ph. Blandin.
Voir de Beaumont : *Les Jetons Tourangeaux,* supp' n° 84.

324 *François I*. Ecu de France accosté de 2 F. ℞. IN HOC ÆRARIVM
FRANCIÆ. Porte du vieux Louvre; dessous, LE LOVVRE (1860).
C. B. Rare.

325 *Henri II*. DRESSANT LE CONTE LOYAVTE SOIT GARDE. Armes de...
℞. VN BIEN A HERITER 1555. Génie (1864). C. B. Rare.

326 1555, 58. Armes de la chambre du Trésor. 1557. REGIO ÆRAR PRÆF
en 3 lignes (1861 à 63, 65). C. 4 p. AB. B. et TB.

327 *Louis XIV*. 1672. Buste du roi. ℞. Abeille butinant. Arg. et C.
1675. Bûcheron émondant un chêne. ℞. du précéd. Arg.
(1866, 67, 69). 3 p. TB.

328 1673. La mer. 1674. Laurier. 1675. La mer (1870, 74, 77). Arg.
3 p. TB.

329 1676. Geysers. 1677. Vanne (1878 à 81). Arg. 4 p TB.

330 1678. Porc-épic. 1679. Arc-en-ciel. 1680. Soleil sur le globe (1882,
84, 88). Arg. 3 p. TB.

331 1681. Aqueduc. 1682. Palmier. 1683. Fleuve couché (1892, 94,
1902, 4). Arg. 4 p. TB.

332 1685. Vasque. 1686. Vase à parfums. 1687. Ruche (1918, 20, 23).
Arg. 3 p. TB.

333 1688. Le Nil. Arg. 1 p. C. 2 p. 1689. Aigle bombardant une ville ·
(Trèves?). Arg. (1926, 27, 29, 30). 4 p. TB.

334 1691. Vulcain. S. d. Arc et carquois sur un palmier. C. 1693.
Oranger. 1694. Ruche. 1695. Fleuve (1936, 39 et 41, 43). Arg.
4 p. C. 1 p. TB.

335 1697. Soleil. 1698. Fleuve. 1699. Arbre. 1700. Rameaux d'olivier
poussant sur une massue. 1701. Ruche (1946, 48, 52, 62, 65).
Arg. 5 p. TB.

336 1702. Hippomène, 1703. Alphée et Aréthuse. 1704. Fleuve
couché. 1705. Soleil. 1706. Main céleste arrosant (1969, 71, 72,
75, 78). Arg. 5 p. B. et TB.

337 1707. Champ de blé. 1708. Hercule terrassant un taureau. 1709.
Fleuve assis. 1710. Fleurs sur des rochers. 1711. Ancre (1981,
84, 86, 88, 89). Arg. 5 p. TB.

338 1712. Cyclope. Arg. 1713. Cyclopes forgeant un caducée (Paix
d'Utrecht). Arg. et C. 1714. Torrent. 1715. Le repos d'Hercule. Arg. (1991 à 95, 97). 6 p. TB.

339 Jetons et refr. (Nos non cités ci-dessus). C. 84 p. La plupart TB.

340 *Louis XV.* 1720. Le Nil. 1721. Semeur (2000, 2, 3, 5). Arg.
4 p. TB.

341 1722. Corne d'abondance. 1723. Lauriers. 1724. 1725. Fleuve
assis (2006, 9, 10, 12, 13, 15, 18). Arg. 7 p. TB.

342 1726. Bassin. 1727. Taille de la vigne. 1728. Vulcain. 1729.
Rivière. 1730. Zodiaque. 1731. La Paix. 1732. Mineurs (2019,
21, 24, 26, 28, 29, 32). Arg. 7 p. TB.

343 1733. Fleuve assis. 1734. Jason. 1735. Oranger. 1736. Ruche
(2036, 38, 40 à 42, 44, 45). Arg. 7 p. TB.

344 1738. Fleuve assis. 1739. Palmiers et lauriers. 1740. Femme et
guerrier. 1741. Pluton sur son char. 1742. L'Arche de Noé.
1743. Atlas. 1744. Palmiers (2046, 48, 50, 52, 54, 56, 59, 61)
Arg. 8 p. TB.

345 1745. Fleuve assis. 1746. Système solaire. 1747. Soleil sur un
paysage. 1748. Fleuve couché. 1749. Champ de blé. 1750.
Elévateur d'eau. 1751. Soleil sur le globe. (2064, 68, 71, 73 à
75, 78, 82). Arg. 8 p. TB.

346 1752. Fontaine. 1753. Fleuve assis. 1754. Système solaire. 1755.
Fleuve assis. 1756. Corne d'abondance. 1757. Soleil sur un
lac. 1758. Neptune et fleuves. (2084, 87, 89, 91, 93, 96, 98,
2100). Arg. 8 p. TB.

347 *Louis XVI*. Buste à dr. ℞. TRESOR ROYAL. (2101, 2, 3). Oct. Arg.
3 p. TB.

348 Jetons et refr. Louis XV et XVI (N^{os} non cités ci-dessus).
C. 52 p. Et. 2 p. La plupart TB.

349 *Trésoriers généraux*. EN LA FOY ET LEQVITE. (2104). C. AB. Rare.
1598. Lion dévorant un renard (2105). C. TB. Buste de
Louis XIV. ℞. LE COLLEGE DES TRESORIERS (Non décrit). C. TB.
Victor de Swarte, trésorier général. Arg. TB. — Ens. 4 p.

Chambre et cour des Monnaies

350 Ecu de France. ℞. Balances (2106 à 26). DE LA MOVNOIE DV ROI
(2127 à 29). Reproduction ancienne d'une passe de monnayeur
du xve (2130). *Henri II*. Divers (2131 à 37). C. 37 p. La plupart
B. et TB.

351 *Henri III*. 1579. Ecu de France. ℞. La Monnaie assise. 1584.
Paysan vannant le blé (2157, 63). Arg. 2 p. TB.

352 *Louis XIII*. 1616. Ecu de France. ℞. NVTV. MODERANTVR EODEM.
Sous une couronne, deux mains répandant des monnaies
(2182). Belle médaille. 36 ‰. Arg. TB. Très rare. *Pl. VIII*.

353 *Louis XIV*. 1704. Ecus accolés. ℞. Justice assise. Autre. Justice
deb. (2204, 6). Arg. 2 p. TB. et FDC.

354 *La Monnaie*. 1723. Buste de Louis XV. ℞. Presse (2208 à 13).
Arg. 6 p. TB.

355 1750. Château de Bellevue. ℞. 1768. Hotel des Monnaies —
Autre, même type, daté 1752 et 1768 (2216, 7). Oct. Arg. 2 p.
B. et TB.

356 S. d. Buste de Louis XVI. ℞. Justice assise — Autre; Presse.
1780. Presse. (2218, 19, 20, 22, 23). Arg 5 p. TB.

357 *Ouvriers des Monnaies*. S. d. Lis et deux mains répandant des
monnaies. 1643. ℞. 1649. Jean Grand Cerf. (2225 à 27).
C. 3 p. B. et TB.

358 1652, 53. Vambourg. 1664. Clément Joseph. 1756. Ajusteurs.
(2228 à 36). Arg. 3 p. C. 7 p. Quelques refrappes.

359 *Maîtres et généraux des Monnaies.* LES GIETOIRS AS MAISTRES DES
MONOIES. Châtel. ℞. LE ROI DE PARIS. Croix. (2237). C. B.
Rare.

360 ✛ CE SONT IETOIRS IEHAN BIMER. Ecu de France. ℞. Ecu de Bimer
(2237 ᵃ). C. B. Rare.

361 ✛ CE SONT LES GETOERS DE LA CAM. Ecu de France. ℞. ✛ AV
MOESTRES DES MONAIES. Croix dans un quadrilobe (2237 ᴮ). C.
TB. Rare.

362 PIERRE DE LANDES GENERAL. Ses armes. ℞. DES MONNOIES DE FRANCE.
Fers de lance en croix, cantonnés de E. O. V. T. (2238). C. B.
Rare.

363 F. DE LA BRETESCHE GNAL DES MONOYES. Sés armes. ℞. Croix
(2239). C. B. Rare.

364 QVI DAVTRI DVEL A LIE COVR A Colimaçon à tête humaine (Guillaume Maçon). ℞. Croix (2240). C. B. Rare.

365 ✛ MARTIN VINOT GENERAL DES MONNOIES. Ses armes. ℞. ✛ MONNOIES
DV ROI LOIS XII DE CE NOM. Champ semé de lis. (2241). C. B.
Rare.

366 1538. Alexandre de Faucon. S. d. Pierre le Bossu (2243, 44).
C. 2 p. AB. et B. Rare.

367 Germain le Maçon. 1569. Hil. Dam. S. d. Guillaume Baudry.
P. des Jardins (2242, 45 à 47). C. 4 p.

368 Pierre Monet. 1585, 86. N. Le Camus. S. d. N. Roland. S. Biseul
(2248 à 53, 54 ᵃ). C. 6 p.

369 S. BISEVL. CONᴱᴿ D. R. GNAL. EN. SA. COVRᵀ D. MONNOYES. Ses armes.
℞. La Paix relève la Justice. 1600 (2254). Arg. TB. Rare.
Pl. II.

370 1616. Jacques Brisset. Ses armes. ℞. Aigle (2255). Jeton de
deux cuivres. TB.

371 *Conseillers du roi.* 1645. Le Brun. 1656. Dubuisson ; Marceau.
1664. Boizart. 1665. Renaudot. 1678. Marceau (2256 à 65). Arg.
1 p. refr. C. 9 p. et 1 refr. La plupart B.

372 *Présidents.* Ecu aux armes de la Tourette. ℞. Croissant entre
deux colombes, le tout entouré de serpents (2266). C. Très
beau. Rare.

373 Claude Fauchet. Jacques Poitevln. s. d. et 1638 (2267 à 9).
C. 3 p. TB.

374 1649. Cons. de Silvecane. Ses armes. ℞. Main frottant une
monnaie sur une pierre de touche (2270). Arg. TB. Rare.

375 *Avocats*. Ecus accolés. ℞. Mᴱ F. LE BESGVE. Cᴱᴿ ET. ADᴬᵀ GNAL DV.
R. EN. SA. COVR. DES. MONN. Ses armes. (2272, 73). Arg. et C.
2 p. TB. Rares.

376 *Greffiers*. André Hac. 1612. Nicolas de Laistre. *Graveurs*.
G. Herardin. (2274 à 80). Arg. 1 p. refr. C. 7 p. B. et TB.

377 *Divers*. CVRIA MONETARVM FRANCIÆ. 1658. Ecus accolés. ℞. Mᴿᴱ IAC.
LETILLIER SEIGNEVR D. L. CHᴸᴱ etc. Ses armes (Non décrit).
C. TB.

378 Armes de Poncet de la Rivière (?). Ecu de Colbert. 1662.
(2282 à 4). *Prévots*. Buste de Louis XV. ℞. Bâton, épée,
foudre, monnaies. (2290). C. 4 p. B. et TB.

379 ANDRE FRANÇOIS LANGLOIS CONSEILLER D'ETAT ET INTENDANT DES
ꜰINANCES. Ses armes. ℞. CHARGE DU DEPARTEMENT DES MONNOYES.
Vue du nouvel Hotel des monnaies, 1768 (2291). Arg. TB.
Rare.

380 *Huissiers*. Ecus accolés. ℞. Etoile sur un paysage (2292). Arg.
B. Rare.

381 Jetons et refrappes (Nᵒˢ non cités ci-dessus). Arg. 4 p. C. 84 p.

Chambre aux deniers

382 Châtel. Ecu de France. Paon. (2293 à 96, 2298 à 300). C. 7 p. B.

383 Pierre de Berne. Jean Lecoq. Clairin le Paumier (2301 à 3).
C. 3 p. B.

384 Pierre de Rochefort. Teste. (2304, 5). C. 2 p. B.

385 *Henri IV*. 1601. Miroir. *Louis XIII*. 1612. Main tenant une
fronde. 1614. Dextrochère. balance, sceptre et main. (2308,
18, 20). Arg. 3 p. B. et TB.

386 1617. Le roi et la Fortune. 1620. Hercule délivrant Prométhée.
1621. L'Abondance. (2323, 27, 29). Arg. 3 p. B. et TB.

387 1625. Foudre sur une forteresse. 1626. Le roi entre 4 protestants.
Soldats devant une forteresse. *Louis XIV*. 1662. Abeilles
butinant. (2333, 34, 37, 53). Arg. 4 p. AB. et B.

388 Buste de Louis XIV. ℞. 1674. Lis. 1677. Vases et corbeille.
1680. Fontaine. 1682. Soleil sur une table de verre. 1687.
Main arrosant. (2367, 73, 82, 86, 93). Arg. 5 p. B. et TB.

389 1688. Oranger. 1691. Raisin de Chanaan, 1694. Ganymède. 1695.
Fontaine. 1697. Palmier. 1700. Main arrosant (2395, 2404, 8,
10, 13, 17). Arg. 6 p. B. et TB.

390 1701. Chute d'eau. 1702. Mont Olympe. 1703. Oranger. 1704.
Champ de blé sous le soleil. 1705. Miroir. 1706. Moissonneurs.
(2420, 23, 26, 29, 32, 34). Arg. 6 p. B. et TB.

391 1707. Palmier. 1708. Agneau sur un autel. 1709. Lyre. 1711.
Soleil sur des fleurs. 1712. Raisin de Chanaan. 1713. Navire.
1715. Ville et rivière. (2436, 38, 41, 45, 47, 49, 52). Arg. 7 p.
B. et TB.

392 *Louis XV*. Son buste. ℞. 1720. Saturne et Rhéa. 1721. Hébé et
Jupiter. 1722. Amalthée (2454, 57, 61, 63, 64). Arg. 5 p. TB.

393 1723. Dragon des Hespérides. 1724. Arrosoir. 1725. Champ de
blé. 1726. Cadran solaire. (2466, 68, 69, 71, 72). Arg. 5 p.
B. et TB.

394 1727. Encensoir sur un autel. 1728. Fleuve assis. 1729. Soleil sur
un paysage. 1730. La Fortune (2476, 79, 80 à 81, 83, 84). Arg.
6 p. TB. sauf la dernière, fruste.

395 1731. La Louve. 1732. Cornes d'abondance. 1733. Cérès. 1735.
Cep. 1736. La Fortune et jeton hybride de l'ordinaire des
guerres, même année. (2485, 87, 89 à 93). Arg. 7 p. B. et TB.

396 1737. Prêtre juif sacrifiant. 1738. Autel. 1740. Table chargée de
monnaies. 1743. Source. 1744. Pallas et l'Abondance (2494,
97, 99, 2500, 5, 7 et var., 9). Arg. 8 p. TB.

397 1745. Feu de joie. 1746. Hébé et Jupiter. 1747. Fleuve couché.
1748. Terme. 1750. Laurier. (2511, 14, 18, 20, 23, 25). Arg.
6 p. TB.

398 1754. Soleil sur des rochers. 1755. Table chargée de monnaies.
1756. Chêne assailli par les vents. 1757. Jardinier arrosant des
lis. 1758. Laurier. (2531, 32, 34, 36, 37, 40, 41, 43). Arg.
8 p. TB.

399 Jetons et refr. (Nᵒˢ non cités ci-dessus). C. 166 p. AB., B et TB.

400 *Deniers revenans bons*. 1658. Le roi assis (2544). *Trésoriers de
l'épargne*. 1606. R. Phelipeaux. 1607. F. Puget. 1616.
Th. Morant. (2544 à 48). C. 5 p. B. et TB.

401 *Controleurs du papier*. Buste de Louis XV. ℞. 1730. Génie au
au milieu de ballots tenant une feuille ouverte (2549 à 54).
Arg. 6 p. TB.

Trésoriers Généraux des fermes

402 1623. Cep. 1624. Jupiter. 1626. Vigne autour d'un laurier.
(2555 à 58). Arg. 4 p. B. et TB.

403 1627. Navire à quai. C. 1628. Buste de Janus. Arg. et C. 1636.
Faux en sautoir. C. S. d. Buste de Louis XIII. (2559 à 64).
6 p. En général. B.

404 *Les cinq grosses fermes.* 1633. Ecus accolés. Ŗ. ADITVS FELIXQVE
RECESSVS. Port de mer. Arg. TB. Rare. 1639. Vigneron taillant.
C. B. (2565, 6). 2 p.

Cour des aides

405 FRANCOYS. GODET. SR DE VAVGETIA. ET. ST QTIN. Ecu écartelé.
Ŗ. CONS. ET GENERAL. EN. LA COR DES. AYDES. 1550. Autre écu.
(2567). C. TB. Rare.

406 *Ferme des aides.* 1659. Vigneron taillant (2568 à 70). Arg. et C.
3 p. B. et TB.

407 *Aides et entrées.* 1664. Buste du roi. Ŗ. Essaim (2571). Arg. B.
Rare. (2572). Refr. C. — Ens. 2 p.

408 *Receveur des tailles.* 1691. Ecu aux armes de Lebel. Ŗ. Bassin
(2573). Arg. B. Rare.

409 *Gabelles.* 1664. Personnages autour d'un autel (2574, 5). Arg. et
C. 2 p. TB.

410 *Salines.* M. P. LE. SEL. D. LA. F. D. ROYAVL. Lis. Ŗ. SOVBRE. CY.
SABSTIEN. Saline sur une ancre (2376). Méreau. C. TB. Très
rare.

411 *Commissaires des francs-fiefs.* Louis XIII à cheval. Ŗ. Le roi
assis. Arg. Variété, écus accolés. C. *Francs-fiefs et nouveaux
acquêts.* 1609. Six personnages portant une corbeille. Arg.
(2577 à 79). 3 p. AB. et TB.

Parties casuelles et revenus casuels

412 *Louis XIII.* Ecus accolés. Ŗ. 1623. Soleil sur un paysage. 1627.
Dextrochère saisissant un serpent. (2581, 82). Arg. 2 p. TB.

413 1631. Deux bras tenant une foudre et un laurier. 1635. Cœurs
enflammés. 1642. Soleil sur les nuages (2583, 84, 88). Arg.
3 p. TB.

414 *Louis XIV.* 1644. Olivier. 1645. Epis courbés. 1646. Sphères
céleste et terrestre. 1647. Navire. (2591, 93, 96, 98). Arg. 4 p.
AB. et TB.

415 1648. Arbre. 1649. Hercule et l'Hydre. 1650. Soleil sur des
arbres. 1651. Epée et coffre (2599 à 2601, 4). Arg. 4 p. B.

416 1652. Colonne, épée, balance, lauriers. 1653. Guerrier relevant l'Abondance. 1657. Gerbe. 1661. Pluie fertilisante. (2607, 9, 14, 17). Arg. 4 p. B. et TB.

417 Buste du roi. ℞. 1663. Fontaine. 1664. Deux gerbes sur un autel. 1665. Autel sans les gerbes. 1668. Deux fleuves (2621, 27, 29, 40). Arg. 4 p. TB.

418 1669. Ruche et abeilles. 1670. Vaisseau. 1671. Arbre. (2643, 44, 46, 48). Arg. 4 p. B. et TB.

419 1672. Arc-en-ciel. 1673. Main semant. 1674. IY TROVVE VNE NOVVELLE VIE. Greffe de laurier. 1675. Soleil sur des arbres. (2653 à 56). Arg. 4 p. B. et TB.

420 1676. Phare. 1677. Autel. 1678. Buste de Marie-Thérèse. ℞. Caducée. (2659, 65. 69). Arg. 3 p. B. et TB.

421 Tête du roi. ℞. 1680. Cerf ayant perdu ses bois. 1686. Sacrifice sur un autel. 1687 Semeur. (2670, 74, 77). Arg. 3 p. TB.

422 1692. Semeur. 1694. Vue d'un port. 1698. Elagage d'un arbre. 1700. Lampe. (2684, 85, 95, 98). Arg. 4 p. TB.

423 1702. Cep. 1703. Autel chargé de fleurs. 1708. Cascades grossissant une rivière. (2701, 5, 14). Arg. 3 p. TB.

424 1709. Caducée. 1710. Pélican. 1711. Arc-en-ciel. (2716, 18, 20, 21). Arg. 4 p. B. et TB.

425 1712. Daphné. 1713. Navires au port. 1714. Constellation du Navire. 1715. Bacchus et Ariane. (2723, 26, 28, 30). Arg. 4 p. TB.

426 Jetons Louis XIII, XIV et refrappes. (Nᵒˢ non cités ci-dessus). C. 103. La plupart TB.

427 *Louis XV.* Buste à dr. ℞. 1721. Chateau-fort près de la mer. 1722. Encensoir sur un autel. 1725. Serpent sous des lauriers. 1726. Lis. (2734, 38, 42, 45). Arg. 4 p. B. et TB.

428 1728. Jardinier taillant un if. 1729. Machine à tailler le diamant. 1730. Laurier (2747, 50, 51, 53). Arg. 4 p. B. et TB.

429 1731. Olivier. 1732. Orangerie. 1733. Dédale volant sur la mer. (2755, 57, 58, 60). Arg. 4 p. TB.

430 1734. Coq. 1735. Autel devant le temple de la Fortune. 1736. Vestale sacrifiant; hybride. ℞. Marine, 1736. (2761, 63, 65, 68, 70). Arg. 5 p. B. et TB.

431 1737. Navires au port. 1738. Phare. 1740. Pélican. (2771, 72, 76, 77). Arg. 4 p. TB.

432 1741. Navire. 1742. Mercure et Argus. 1743. Hygiée sacrifiant. (2779, 81, 82, 85 et var.). Arg. 5 p. TB.

433 1745. Aigle sur son nid. 1746. Grue. 1747. La taille. 1748. Bassin
recueillant les eaux d'un château à deux corps. (2789, 91, 93,
96, 97). Arg. 5 p. TB.

434 1749. Serpent. 1751. Arc-en-ciel. 2804. Moissonneur (2800, 2, 4).
Arg. 3 p. B.

435 1755. Paysan greffant un pommier. (2807 à 9). Arg. 3 p. TB.

436 *Louis XVI.* LVD. XV (*sic*) REX CHRISTIANISS. Buste à dr. ℞. S. d.
Pluie sur une rivière. Autres avec LVD. XVI. (2814 à 16 ª). Arg.
4 p. TB.

437 Jetons de Louis XV et refrappes (Nᵒˢ non cités ci-dessus). Arg.
1 p. C. 44 p. Alum. 1 p. La plupart TB. *Trésoriers.* Jeton
aux armes de Phelipeaux. 1600. C. — Ens. 47 p.

Ponts et chaussées

438 *Louis XIII.* Ecus accolés. ℞. 1618. Le roi à cheval sur un pont
(de Toulouse ?). Arg. et C. (2818, 19). 2 p. TB.

439 1621, 1629. Pont. (2821, 22). Arg. 2 p. TB.

440 1632. Mercure tenant l'écu de France et un caducée (2824).
Arg. FDC

441 1634, 1639. Pont. *Louis XIV.* Buste à dr. ℞. 1664. Pont. (2826,
28, 29). Arg. 3 p. B.

442 1688 et s. d. Pont Royal (2831, 33 à 35). Arg. 4 p. TB.

443 *Louis XV.* Buste à dr. ℞. du précédent. Autre, 1772. (2840 à
44, 47). Arg. 6 p. TB.

444 Jetons Louis XIII à XV et refrappes (Nᵒˢ non cités). Arg. 1 p.
C. 11 p.

445 *Mines et minières.* Armes de La Porte de la Meilleraye. ℞. 1636.
Puits de mine (2848). Arg. TB. Rare.

446 — Même type varié, 1638 (2849). Arg. B.

447 *Eaux et forêts.* 1606. Ecus accolés au-dessus d'un autel.
℞. INVENIMVS. EAM. IN. CAMPIS. SYLVÆ. La Justice dans une forêt
giboyeuse (2850). Arg. TB. Rare.   *Pl. II.*

448 1743. Justice deb. ℞. La Table de marbre (2851, 52). Arg. et C·
2 p. FDC. et B.

Menus Plaisirs du roi et affaires de la Chambre

449 1619. Lion tenant glaive et balances (2855). Arg. TB.

450 1630. Le roi debout. 1631. Cœur rayonnant au-dessus d'un pont.
1654. Enlèvement de Ganymède. (2856 à 58). Arg. 3 p. B.
et TB.

451 Tête de Louis XIV à dr. ℞. 1691. La foudre tombant sur un
rocher et culbutant des guerriers (2862). Arg. TB. Rare.

452 1693. Soleil. 1703. Concert (2863, 65). Arg. 2 p. AB. et TB.

453 Buste de Louis XV. ℞. 1716. Apollon jouant de la lyre. 1739.
Vase à parfums (2867, 69, 71 à 73). Arg. 5 p. B. et TB.

454 1746. Scène de théâtre. Variété, même type et date, au buste de
Louis XVI. (2874, 84). Arg. 2 p. TB.

455 Buste de Louis XV. ℞. 1747. Thalie, Melpomène et Amours
musiciens. 1756. Amours jouant (2876 et var. 79, 80). Arg.
4 p. TB.

456 1758. Amours jouant avec des guirlandes (2882). Arg. TB.

457 Violoniste. ℞. Croix cantonnée de 4 feuilles dans un quadrilobe
(2853). Mereau. B. Médaille avec MP (2885). Trouée. — Jetons
et refrappes (Nᵒˢ non cités ci-dessus). — Ens. 16 p. La
plupart TB.

458 *Confirmation des privilèges.* 1643. Buste de Louis XIV. ℞.
Ruche sous un arbre. Arg. B. Autre, s. d. Refr. C. (2886, 87).
2 p.

459 *Syndics généraux.* Buste de Louis XV. ℞. 1737. Epée et massue
sur champ fleurdelisé (2888 à 91). Arg. 4 p. B. et TB.

460 Buste de Louis XVI. ℞. du précédent. Autres, même type,
1776, 79. (2892 à 95). Arg. 4 p. B. et TB.

Domaines du roi

461 Buste de Louis XIV. ℞. 1675. Bucheron émondant un arbre
(2896 à 98 et var.). Arg. 1 p. C. 4 p. B. et TB.

462 *Aliénation des domaines.* Buste de Louis XIV. ℞. 1676. Sculpteur
au travail. (2899). Arg. TB.

463 — Même pièce. C. Refr. 1677. Gerbe et fléau (2900 à 3). Arg. et
C. *Trésorerie générale des domaines.* 1654. *Droits aliénés.*
1634. *Revente du domaine.* 1620. (2904, 5 et non décrit). —
Ens. 9 p. dont 2 refr.

464 *Trésorerie générale des dépenses diverses.* Buste de Louis XVI.
℞. 2 L cursives enlacées (2906 à 7 ª). Arg. 1 p. C. 2 p. TB.

Maison du roi

465 *Trésorerie générale.* Buste de Louis XVI. ℞. Ecu de France
tenu par deux anges (2908). Oct. Arg. B.

466 *Menues aumônes* (?). I dans un entourage. ℞. R dans un entourage (2909 à 9ᴴ et var.). Tête de More (2910 à 13ᵛ et var.).
C. 43 p. En général, B. et TB.

467 *Vénerie.* Lis. ℞. Mufle de lion (2915 ᵃ). C. TB. Rare. *Pl. VIII.*

468 Autre. ℞. Tête de loup. Lapin. ℞. Rateau (2914, 15). C. 2 p. B. Rares.

469 *Grand Prévôt.* Bouchet de Sourches. S. d.(2916) et refr.(2916ᵃ). C. 2 p. B. et TB.

470 *Grand écuyer.* LEONNOR CHABOT. Ses armes. ℞. GRAND ESCVYER DE FRANCE. Epée et banderole (2917). C. TB. Rare.

471 *Argenterie du roi.* 1580. Mercure entraînant un personnage. C. 1583. Pallas à mi-corps dans la mer. Arg. (2918, 19). 2 p. TB.

472 1616. Main tenant une couronne sur un lis (2920). Arg. TB.

473 Tête de Louis XIV. ℞. 1693. Soleil. Refr. C. 1703. Arc-en-ciel. Arg. (2921, 22). 2 p. TB.

474 Buste de Louis XV. ℞. 1718. Arc-en-ciel. 1719. Char d'Apollon. 1727. Deux femmes et un Amour (2723 à 25 ᵃ). Arg. 3 p. C. 1 p.TB.

475 *Bureau du roi.* HENRICVS DEI GRATIA FRANCORVM REX. Ecu de France. ℞. GECTON DV BVREAV. Dans le champ. B V F en monogr. (2926). C. B. Rare.

476 *Cuisine du roi* (?). Ecrevisse. ℞. Clef. TB. Fleurs de trèfle. ℞. Râteau et clefs. Troué. (2927, 27ᵃ). C. 2 p. Rares.

477 *Paneterie* (?). Main ouverte. ℞. Lion. (2928). C. Troué. Rare.

478 *Ecuries du roi.* Crosse. ℞. Clef et épée.(2929). C. TB. Rare.
Pl. VIII.

479 Lion. ℞. Clef et râteau (2930). C. TB. Rare.

480 Ecu de France. ℞. Râteau. (2931). C. TB. Rare.

481 Lis. ℞. Bélier. Bœuf et lis. ℞. Râteau. Feuille et clefs. ℞. Râteau (2932 à 34). C. 3 p. B. Rares.

482 Buste de Louis XV. ℞. Cheval (2935 à 36ᵉ). Arg. 7 p. B. et TB.

483 *Ecuries* ou *prises.* Ecureuil. *Palefreniers* (?). P entouré des lettres ᴀ. ɪ. o (2937, 37ᵃ, 39). C. 3 p.

484 P entre deux lis. ℞. Rateau, lis, rosace (2938). C. TB. Rare.
Pl. VIII.

485 *Fourrière du roi.* Mouton. ℞. Monument (2940). C. TB. Rare.
Pl. VIII.

486 Couronne. ℞. Croix. Serpe de chaque côté (2941, 42). C. 2 p. B. Rares.

487 *Chasses royales.* Cerf. ℞. Biche (2943). C. B. Rare.

488 Chasse royale, 1671. Garenne du Louvre, 1698. St Hubert, s d. (2944 à 47, 49). C. Buste de Louis XVI. ℞. Chasseur, 1782 (2948). Arg. — Ens. 6 p. B. et TB.

489 *Grand louvetier.* Ecu de France. ℞. Armes de La Boissière de Chailly (2950). C. AB. Rare.

490 *Garde-robe.* Dauphin. ℞. Inscription. Deux L enlacés de chaque côté. Armes du marquis de Graves, 1696. (2951 à 53). C. 3 p. B.

491 *Paumiers du roi.* 1739. C. Busnel. F. Perdrix. *Franc jeu du roi.* 1726. Octog. (2954 à 56). C. 3 p. B. et TB.

492 *Les huit Apothicaires du roi.* Buste de Louis XV. ℞. 1764. Epées et massue sur champ fleurdelisé. (2957). Arg. TB.

493 Tête de Louis XVI. ℞. du précédent (2958). Arg. TB.

494 *Peintres du roi.* Noel Quillerier, 1637. Ses armes. ℞. Colombes, Foi, rameau (2959). C. B. *Officiers du gobelet de la Reine.* Marie-Antoinette (2961). Refr. Arg. TB.

495 Buste de Louis XV. officiers ou cobelet de la reine. Argenterie sur une table (2960). Arg. TB. Rare. *Pl. II.*

Batiments du roi

496 dv pales le roy. Monument. ℞. par ramovs svi done. Croix dans un quadrilobe (2962). C. AB. Très rare.

497 1617. bello neglecta qviescvnt. Edifices abimés. ℞. spes mea pax est. L'Architecture assise (2963). Arg. TB.

498 Buste de Louis XIII à dr., par Warin. ℞. 1624. Façade d'un palais (2966). Arg. TB.

499 Buste à g., par Warin. ℞. 1633. Fontaine (2967). Arg. TB.

500 Buste de Louis XIV. 1663. ℞. Renommée sur le fronton d'un palais (Le Louvre?). 1667. Démolition de la 1ère colonnade du Louvre (2973, 81). Arg. 2 p. TB.

501 1668. Minerve. 1672. Aigle sur un chêne. 1679. Alcyon faisant son nid (2985, 98, 3009). Arg. 3 p. TB.

502 1691. L'Hôtel des Invalides (3040). Arg. TB

503 1693. La peinture. 1694. La porte St-Martin. 1696. La France casquée deb. (3045, 48, 55). Arg. 3 p. B. et TB.

504 1704. La Peinture, l'Architecture et la Sculpture. 1707. L'Hôtel des Invalides. 1713. Amphion. 1714. Soleil sur le Zodiaque (3068, 71, 77, 79). Arg. 4 p. B. et TB.

505 1715. Façade du pavillon de la Samaritaine (3087). Arg. TB.

506 Jetons et refrappes Louis XIII, XIV (Nos non cités ci-dessus). Arg. 2 p. C. 104 p. La plupart TB.

507 Buste de Louis XV. ℞. S. d. Caducée devant un jardin et un palais (3096 à 97ᵃ et var.). Arg. 4 p. TB.

508 1717. Les Tuileries. 1721. Le Luxembourg (3093, 98). Arg.
2 p. TB.

509 1722. Minerve. 1724. Amphion. 1725. Règle, compas, équerre
(3100, 1, 3 . Arg. 3 p. B. et TB.

510 1726. Minerve. 1727. Ruche. 1730. Bague. 1732. Génie de l'Architecture (3106, 8, 16, 20). Arg. 4 p. TB.

511 Buste du roi avec une natte. ℞. 1735. Minerve (3125 à 7). Arg.
1 p. C. 2 p. B. et TB.

512 1736. Miroir. 1738. Apollon. 1739. Ruche. 1740. Minerve (3129,
30, 32, 33). Arg. 4 p. TB.

513 1741. L'Architecture. 1742. Amours au travail. 1744. Niveau
3135, 38, 42, 43). Arg. 4 p. TB.

514 1749. Minerve et la Paix (Aix-la-Chapelle). 1751. Compas sur
un bloc. 1753. Zodiaque (3147, 51, 54). Arg. 3 p. TB.

515 1754. L'Architecture présente à Mars le plan de l'Ecole Mili-
taire. 1756. Réfection de la colonnade du Louvre (3157, 58, 61,
62, 64, 65). Arg. 6 p. TB.

516 1757. Minerve assise (3167 à 72). Arg. 6 p. TB.

517 Buste de Louis XVI. ℞. S. d. Caducée devant un jardin et un
palais. Autres. ℞. 1744. Niveau. 1756. Réfection de la colonnade du Louvre (3177 et var. à 79, 81, 82). Arg. 6 p. TB.

518 Jetons et refrappes, Louis XV, XVI (Nᵒˢ non cités ci-dessus).
Arg. 2 p. C. 48 p. Et. 2 p. La plupart, TB.

519 *Questeur des bâtiments*. Armes de Ch. Manessier. ℞. AVT. MORS
AVT VITA DECORA. C. TB. Autre, fruste. *Surintendant*. Refr. aux
armes de Mansart. Arg. et C. (3183 à 85 ª). 4 p.

520 *Jurés du roi et greffiers des bâtiments*. 1688. Palais en construction. ℞. L'Architecture assise (3186). Arg. TB.

521 *Experts greffiers*. 1690. Même type. S. d. Même type. Autres.
Buste de Louis XV ou Louis XVI. ℞. L'Architecture assise
(3187 à 51). Arg. 5 p. B. et TB.

522 *Experts*. Buste de Louis XV. ℞. Palais en construction (3192 à
97). Arg. 6 p. B. et TB.

523 Buste de Louis XVI. ℞. du précédent (3198 à 3201). Arg. 4 p. TB.

Receveurs généraux

524 François II. S. d. et 1559, 60. Charles IX. S. d. *Marc d'or*.
Refrappe. *Marc d'argent*, an 5, gravé en creux sur un mon-
neron. *Pensions*, 1682. Buste de Louis XIV (3202 à 11). C. 12 p.

II. PARIS

Le Châtelet

5ɔ5 *Police.* LA POLICE DV CHASTELET DE PARIS. Ecu de France. ℞. 1588.
  Justice deb. 1604. Renommée. S. d. La Justice (3212 à 15). C.
  Jeton avec PAX ET SECVRITAS PUBLICA (3216). Arg. *Lieutenants
  de police.* Armes de Posuel. ℞. La Justice (3217). C. — Ens.
  6 p. B. et TB.

526 *Procureurs de la cour.* 1713. La Justice et la Paix. ℞. Justice
  assise (3218). Arg. TB.

527 Ecu de Chauvelin. ℞. du précédent (3219). Arg. TB. Rare.

528 Buste de Louis XV. ℞. du précédent (3220 à 22 et var.). Arg.
  4 p. TB.

529 Autres, variés. Arg. 1 p. C. 2 p. Buste de Louis XVI. ℞. du précédent. Arg. (3223 à 28). — Ens. 6 p. TB.

530 *Procureurs du Châtelet.* Tête de Louis XIV. ℞. 1710. Coq et
  poules (3232). Arg. TB. Rare.

531 1664. Vue du Châtelet. ℞. Sceptre et main (3230). Refr. des précédents. Arg. 1 p. C. 2 p. (3229, 31, 32ᵃ). — Ens. 4 p. TB.

532 Buste de Louis XV. ℞. 1718. Le char de l'Aurore. 1766. Même
  type (3233 à 35ᵃ). Arg. 3 p. C. 2 p. Et. 1 p. - Ens. 6 p. dont 3 refr.

533 Buste de Louis XVI ℞. du précédent (3236 à 37ᵃ). Arg. 3 p. TB.

534 *Greffiers du Châtelet.* Main tenant une plume. ℞. Siège de
  justice. Buste de Louis XVI. ℞. Autre siège de justice (3238 à
  43ᵃ). Arg. 5 p. C. 4 p. dont 2 refrappes. TB.

535 *Lieutenants criminels de robe courte.* Armes d'Henri Bachelier
  de Montcel. ℞. 1724. Ruche et abeilles (3244, 45). Arg. et C.
  2 p. TB.

536 Armes d'Edm. Gaudot de Labruerre. ℞. du précédent (3246, 47).
  Arg. et Et. 2 p. TB.

537 — Armes de Jean Louis Durand, 1765. (3248). Arg. TB.

538 — Armes de Bazard de Quincy, 1770. (3249). Arg. TB.

539 Buste de Louis XV. ℞. du précédent. Autre, buste de Louis XVI.
  Arg. 2 p. Refr. C. du revers seul (3250 à 52). 3 p. TB.

540 *Commissaires du Châtelet.* Buste de Louis XIV. ℞. Vue du
  Châtelet et de la Cité (3253). Arg. TB.

541 — Variété du précédent (3254). Arg. TB.

542 Ecu de M. Gallyot. ℞. Vue du Châtelet et de la Cité, 1723 (3257).
  Arg. TB.

543 — Armes de M. Menyer. 1739. (3259). Arg. TB. Rare.

544 Ecu de M. Daminois. 1747. Ecu de M. Hubert. 1759. ℞. Le
  même. 1749 (3261, 62). Arg. 2 p. TB.

545 Ecu de M. Girard. 1772; Mouricault. 1779; Chénon, 1789.
  ℞. du précédent (3263, 64, 66) Arg. 3 p. TB.

546 Jetons et refr. (3255, 56, 58, 60 à 60ᵇ, 61ᵃ, 65, 67). Arg. 1 p.
  C. 8 p.

547 *Chambre des commissaires*. Ecu de France. ℞. Vue du Châtelet
  et de la Cité, 1654 (3268, 69). Arg. et C. 2 p. B.

Professions sous le contrôle de l'Etat

548 *Agents de change, conseillers du roi*. Buste de Louis XIV, signé
  TB. liés. R. La Prudence près d'un coffre, 1711 (3270).
  Arg. TB.

549 — Variété avec CONS. au lieu de CONᴱᴿˢ (2372, 73). C. 2 p. TB.

550 Buste de Louis XV jeune. ℞. Même type, 1718 (3274). Arg. TB.

551 — Buste lauré, drapé, signé DV VIVIER (3275). Arg. TB.

552 — Buste lauré, cuirassé, signé fm (3276). Arg. TB.

553 Buste de Louis XVI au bandeau, signé DV VIV. ℞. La Prudence
  vidant une corne d'abondance, 1777 (3277). Arg. TB.

554 Buste de Louis XVI signé DV VIV. ℞. La Prudence assise, 1786
  (3281). Octog. Arg. TB.

555 Refrappes (nᵒˢ 3271, 78 à 80). Arg. 3 p. C. 1 p. TB.

556 *Agents de change et banque*. 1674. La Prudence. ℞. L'Abondance
  et la Renommée (3282). C. TB.

557 Tête de Louis XV. ℞. La Prudence près d'un coffre. A l'ex. AGENS
  DE CHANGE 1758 (3286). Arg. TB. Rare.

558 1703, 11, 58. La Prudence. Refr. (3283 et var., 84, 85, 87). Arg.
  4 p. C. 1 p. TB.

559 *Notaires*. 1676. Tête de Louis XIV à dr. ℞. Gnomon. A l'ex.
  CONᴱᴿˢ NOᴿᴱˢ GARD Tᴱˢ DV ROY. (3290). Arg. TB. Rare.
  Pl. II.

560 1683. Navire. ℞. Gnomon (3294). C. B. Rare.

561 1700. Buste de Louis XIV, signé T. B. ℞. Le même (3295). Arg.
  TB. Rare.   *Pl. II.*

562 — Buste lauré à dr. signé R. (3296). Arg. TB. Rare.

563 1720. Buste de Louis XV enfant (3299). Arg. TB. Rare.

564 — Buste de Louis XV habillé, signé DV VIVIER F. (3302). Arg. B.

565 — Buste à dr. signé LE BLANC (3300). Arg. TB. Rare. *Pl. II.*

566 — Buste habillé et lauré, signé D. V. (3303). Arg. TB. *Pl. II.*

567 — Tête aux cheveux noués, signée fm (3305). Arg. TB. Rare.
Pl. II.

568 — Tête au bandeau, signée JCR liés (3304). Arg. TB. Rare.
Pl. II.

569 — Buste lauré, cuirassé, signé fm. (non décrit). Arg. TB. Rare.
Pl. II.

570 — Buste lauré, drapé, signé DV VIVIER. (3301). Arg. TB.

571 — Autre, signé C. N. R. FILIVS. (3306). Arg. TB.

572 Buste de Louis XVI à g. signé J. P. DROZ F. (3307). Arg. TB.

573 — Tête aux longs cheveux à dr. Signée GATT. (3309). Arg. TB.
Rare. *Pl. II.*

574 Révolution. Minerve. ℞. Gnomon, 1715. (3310). Arg. TB.

575 Refrappes (3288, 89, 91, 92, 93, 97, 98, 3308). Arg. 2 p. C. 6 p. B.
et TB.

576 *Contrôle des actes des notaires.* 1715. Tête de Louis XIV à dr.,
signée TB liés. ℞. Soleil et cadran solaire (3311). C. B. Rare.
Pl. II.

577 *Huissiers du Parlement.* Tête de Louis XVI à dr. ℞. Aigle sur un
foudre (3312, 12ᵃ). Arg. et C. 2 p. TB.

578 Variétés. Buste à g. signé J. P. DROZ. F. Autre signé DV VIV.
(3312 ᵇ, 12ᶜ). Arg. 2 p. TB.

579 *Huissiers à verge au Châtelet.* 1771. Buste à dr. ℞. Main de justice et sceptre sous une couronne (3314 var.). Arg. B.

580 — Même pièce variée. Refr. Autre, buste de Louis XV, trouée
(3313, 14). Arg. 2 p.

581 *Huissiers à cheval.* 1731. Buste lauré à dr. ℞. St Martin (3315).
Arg. TB.

582 — Variétés de buste (3316, 17). Arg. 2 p. TB.

583 1761. Tête à dr. ℞. Aigle sur un foudre (3318 et var., 19). Arg.
3 p. TB.

584 Buste de Louis XVI. ℞. du précédent. Arg. (3320, 21). Refr.
hybrides (3321, 22). Arg. et C. 4 p. TB.

585 *Huissiers Commissaires-Priseurs.* Buste de Louis XV signé DV
VIVIER. ℞. La Justice assise (3323). Arg. B.

586 — Buste au bandeau, signé JCR liés (3325). Arg. TB.

587 — Autre signé fm (3326). Arg. TB.

588 — Tête laurée signée. *R. filius* (3328). Arg. TB.

589 Buste de Louis XVI signé N. GAT. F. (3329). Arg. TB.

590 LOI DV 27 VENTOSE AN IX. ℞. COMM^{RES} PRISEVRS VENDEVRS A PARIS (non décrit). Oct. Arg. TB. Rare.

591 *Officiers crieurs.* Buste de Louis XV. ℞. Ecu à leurs armes ; dessous, OFFICIERS JVRÉS CRIEVRS (3331). Arg. TB. Rare.

Pl. III.

592 — Autre au buste de Louis XVI (3332). Arg. TB. Rare.

593 Jetons et refr. (3324, 27, 3o, 33 et variétés). Arg. 1 p. C. 8 p. TB.

Election de Paris

594 1714. Buste de Louis XIV. S. d. Buste de Louis XV ou XVI (3334 à 5o). Arg. 14 p. C. 3 p. dont 2 refr. TB.

595 Armes de J. Baussan, président de l'élection de Paris, 1669. C. *Impositions de Paris.* Etain (3351, 51ª). 2 p. TB.

Série municipale

596 Jetons à la nef. S. d. SVR TOVTES CITES PARIS PRISE CAR LA NEF FIGVRE L'ESGLISE. 1548, 56, 59, 60, 62, 67, 72, 73, 74, 76, 77, 79, 80, 83, 84, 85, 88 et s. d. Types variés (3352 à 88). C. 42 p. En général B. et TB.

597 1603. Le roi deb. 165o. Vue de la cité. 1653. Le roi foulant l'Hydre (3389, 96, 99). Arg. 3 p. AB. et B.

598 Buste de Louis XIV. ℞. 1694. Navire. 1702. Essaim. 1704. Aigles. 1708. Char de l'Aurore (3418, 32, 35, 40). Arg. 4 p. TB.

599 S. d. Statue équestre. ℞. Vue de la ville. Buste de Louis XIV. ℞. Le même. Autre. ℞. Hotel de Ville (3422, 28, 45 à 47, 49). Arg. 6 p. TB.

600 Buste de Louis XV. ℞. Vue de la ville (3451, 54, 57 à 6o, 62). Arg. 7 p. TB.

601 Buste de Louis XVI. ℞. Le même (3463 à 67, 70). Arg. 6 p. TB.

602 Jetons et refr. (N^{os} non décrits ci-dessus). Arg. 2 p. C. 71 p. La plupart B. et TB.

Prévôts des Marchands

603 *Etienne de Neuilly.* 1583. *Hector de Perreuze* 1586, 87, 88 et s. d. *Martin Langlois.* 1595, 98. (3477 à 84). C. 8 p. B. et TB.

604 *E. de Bragelongne.* 1603. Ses armes. ℞. La nef. Arg. et C. *Fr. Myron.* 1606. C. (3485 à 87). 3 p. B. et TB.

605 *Jacques Sanguin.* 1607. C. ; 1609. Arg. et C. 1612. Arg. et C. (3488 à 92). 5 p. B. et TB.

606 *Gaston de Grieu.* 1613. Arg. et C. 1614. C. (3493 à 95). 3 p. TB.

607 *R. Miron.* 1615. Retour de Bretagne du roi. (3496, 97). Arg. et
    C. 2 p. B. et TB.

608 1616. Louis XIII et Anne. Arg. et C. *Ant. Bouchet.* 1617. Arg.
    et C. ; 1618. C. (3498 à 503). 6 p. B. et TB.

609 *H. de Mesmes.* 1619. C. S. d. Arg. et C. 1617. C. Troué. 1621.
    Arg. et C. 1622. Arg. et C. (3504 à 11). 8 p. B. et TB.

610 *N. de Bailleul.* 1623, 24, 25. Arg. et C. 1626. C. 1627. Arg. et C.
    1628. C. et médaille, 38 ⁒. Br. (3512 à 21 ª). 11 p. B. et TB.

611 *Christophe Sanguin.* 1629, 1630. C. 1631. Arg. et C. 1632. Arg.
    et C. (3522 à 29). 8 p. B. et TB.

612 *M. Moreau.* 1633. C. 1634. Arg. et C. 1635. C. 1636. Arg. et C.
    (3530 à 36). 7 p. B. et TB.

613 *Oudart le Féron.* 1638, 1639. Arg. et C. 1640. C. 1641. Arg. et
    C. (3537 à 43). 7 p. B. et TB.

614 *Macé le Boulanger.* 1642. Arg. et C. 1643. C. 1644. Arg. et C.
    (3544 à 48). 5 p. TB.

615 *Jean Scarron.* 1645, 46. C. *Jérôme le Féron.* 1647, 48, 49. Arg.
    et C. 1650. C. (3551, 52, 53, 54, 56 à 62, 65). 12 p. B. et TB.

616 *Ant. Le Febvre.* 1651, 52. Arg. et C. 1653. C. 1654. Arg. et C.
    (3566 à 70, 73 à 76). 9 p. B. et TB.

617 *Alexandre de Sève.* 1655, 56. C. 1657, 58, 59. Arg. et C. 1660.
    C. 1661. Arg. et C. 1662. C. (3578, 80, 82 à 90, 92). 12 p. TB.

618 *Voysin.* 1663. C. 1664, 65, 66, 67. Arg. et C. 1668. C. (3593 à 97,
    99 à 605). 12 p. TB.

619 *Le Peletier.* 1669, 70. Arg. et C. 1671. C. 1672. Arg. et C.
    (3608 à 15). 8 p. B. et TB.

620 1673. Hercule et Acheloüs. Arg. et C. 1674. Prise de Maestricht.
    C. 1675. Hercule et Géryon ; 1676. Massue. Arg. et C. (3616
    à 19, 21 à 25). 9 p. TB.

621 *Aug. Robert de Pomereu.* 1677. Bataille de Palerme ; 1678, 79,
    80, 81. Arg. et C. 1682. C. 1683, 84. Arg. et C. (3626 et 26 *bis*,
    3627, 28, 30 à 33, 36, 37, 39 à 44). 16 p. B. et TB.

622 *de Fourcy.* 1685. C. 1686, 87, 88, 89, 90, 91. Arg. et C. 1692. C.
    (3646, 48, 49, 51 à 56, 58 à 64, 66, 67). 18 p. B. et TB.

623 *Claude Bosc.* 1693, 95. Arg. et C. 1698. Paix de Ryswick. Arg.
    1699, 1700. Arg. (3669 à 75, 77). 8 p. B. et TB.

624 *Boucher d'Orsay.* 1701. C. 1703. Arg. 1705, 7. Arg. et C. (3681,
    82, 84 à 88). 7 p. TB.

625 *Jérôme Bignon.* 1709. Arg. et C. *Charles Trudaine.* 1716, 18.
    Arg. *P. A. de Castagnère.* 1721. Arg. *Nicolas Lambert.* 1725.
    Arg. (3689 à 91, 93, 95, 97). 7 p. TB.

626 *Michel Etienne Turgot.* 1730. Arg. et C. s. d., 1732, 33, 36, 38, 39, 40. Arg. (3699, 3700, 1, 2, 4 à 7, 8). 9 p. TB.

627 *Aubery de Vastan.* 1740, 42. *Bazile de Bernage.* 1743, 44, 46, 48, 50, 53, 54 (3709, 12, 14, 16 à 18, 20, 22, 24). Arg. 9 p. TB.

628 *Camus de Pontcarré de Viarme.* 1758, 60, 63 (3725, 27, 29, 31, 32). Arg. 5 p. TB.

629 *Jerôme Bignon.* 1765. Arg. 1766. Arg. et C. 1767, 69, 70, 71. Arg. (3734 à 36, 38 à 43). 9 p. TB.

630 *J. B. Fr. de la Michodière.* 1773, 75, 76 (3746 à 48). Arg. 3 p. TB.

631 *Le Fèvre de Caumartin.* 1778, 80, 82 (3752, 53, 55, 59). Arg. 4 p. TB. et FDC.

632 *L. Lepeletier.* 1784, 86, 88 (3761, 62, 65). Octog. Arg. 3 p. TB.

633 *Echevins.* J. le Conte, 1580. Hector Gadoyn, s. d. J. le Breton, 1587. P. Lugolly, 1586. (3770 à 73). C. 4 p. B. et TB.

634 Armes de Choilly. 1603. ℞. LES FLEVRS DE LIS ONT CHOISY LES CHOILLIS. Armes d'Anne de Courtin, sa femme. (3775). C. TB.

635 Jean le Prestre. Ses armes. ℞. Ecu de sa femme, Mag. d'Alesso. 1621. (3777). TB. Pierre Goujon, 1623. Cl. Galland, 1640. B. (3778, 79). C. 3 p.

636 Sébastien Cramoisy. 1643. (3780 à 82). Arg. et C. 4 p. TB.

637 Claude de Bourges, 1645. Jean Gaigny, 1646, 47, 48. Cuivre. N. Phelippes, 1652. Arg. et C. (3783 à 90). 8 p. B. et TB.

638 A. Levieulx, 1654. Julien Gervais, 1655 ; autre, avec, au revers, les armes de Vincent Héron ; rare. Vincent Héron, 1656 ; autre, avec au revers, les armes de Claude de Santeul (3791, 93 à 96). C. 5 p. TB.

639 Jean Rousseau. Ses armes. ℞. La Nef ; à l'ex. PAX FVNDATA CVM ANGLIS. 1656. (3797, 98). Arg. et C. B. et TB.

640 Santeul, 1656. La Porte, 1657. Faverolles, 1659, 66. Le Vieulx, 1660. Prevost, 1661. La Mouche, 1662. Hélissant, 1661, 64. de Movhers, 1663. Picques, 1670. Gamare, 1683. Perichon, 1708. (3799 à 3802 ª, 3803, 5 à 7, 9 à 12, 14, 15, 17, 20, 22). C. 18 p. B. et TB.

641 Mᴿ DE LABALLE CONSᴵ ESCHEVIN ET NOTᴵF AV CHETᴱL. Ses armes. ℞. VT DITET SPOLIAT. L'Amour dépouillant une femme de ses vêtements (3816). C. TB. Rare.

642 *Lot* de jetons et refr. (nᵒˢ non cités ci-dessus). Arg. 17 p. C. 68 p. Etain 5 p.

Officiers de la ville

643 *Conseillers de ville*. Buste de Louis XIV. ℞. Bouquet de fleurs, 1702. Buste de Louis XV. ℞. Le même, 1718. (3825 à 28). Arg. 4 p. TB.

644 M. de Laballe, notaire au Chatelet. Ses armes. ℞. L'Ile des Faisans. 1660. (3829). C. B. Rare.

645 *Quartiniers*. J. le Conte, 1586. C. H. de Rosnel, 1701. Arg. (3830, 31). 2 p. B. et TB. Rares.

646 *Syndics généraux des rentes*. Buste de Louis XIV. ℞. Hôtel de Ville. 1701. *Contrôleurs des rentes*. Buste de Louis XIV. ℞. Main comptant de la monnaie sur une table. 1698, 1707, 1711. (3833, 37, 39 à 41). Arg. 5 p. TB.

647 Buste de Louis XV. ℞. s. d. Table chargée d'un registre et de monnaies. Autre, buste de Louis XVI (3842 à 51). Arg. 10 p. TB.

648 *Receveurs payeurs des rentes*. Buste de Louis XIV. 1692. ℞. Siphon tirant l'eau d'un puits. Arg. *Payeurs des rentes*. 1709. Buste de Louis XIV. ℞. Aqueduc. Arg. et C. (3852 à 57). 3 p. TB.

649 Buste de Louis XV. ℞. La Bonne Foi (?) comptant des monnaies sur une table, 1717. (3858 à 62). Arg. 5 p. TB.

650 — Même type varié, 1748 (3863 à 68). Arg. 5 p. TB.

651 — 1764. Même type. Autres, buste de Louis XVI (3870 à 74). Arg. 5 p. TB.

652 *Contrôleurs*. R. DE BEAVVAIS M^E D. COPT^S D. L. R^NE COT^R G^AL D. PIS. Ses armes. ℞. Armes de Catherine de Médicis (3876). C. TB. Rare.   *Pl. III.*

653 *Receveurs des pauvres*. 1559. Jean de Bray. 1624. Ph. de Chaillou (et s. d.); André Langlois; P. Parfaict. 1628. P. de la Court. s. d. J. Garnier; J. de Bourges; E. de Faverolles; Perichon; Maillet. 1640. Chuppin. 1642. Simonet. (3877 à 89). C. 13 p. B. et TB.

654 1644. P. Helyot. (3890, 91). Arg. et C. 2 p. TB.

655 1648. Lescot. 1654. Beguin. S. d. et 1655. Bachelié; Maillet; Pocquelin; E. et N. de Faverolles. 1662. Bellavoine. 1664. Le Vieulx; Ballard. 1666. Gellain. 1668. Chauvin. 1672. A. de Harlay. (3892, 93, 95 à 3910). C. 18 p. B. et TB.

656 *Lot* de jetons et refrappes (N^os non cités ci-dessus). Arg. 8 p. C. 17 p. La plupart TB.

Clergé de France

657 *Grands Aumôniers.* Ecu de France. ℞. Grand aumônier faisant l'aumône à un pauvre à genoux (3925). C. TB. Très rare.
Pl. III.

658 Cardinal de la Rochefoucauld, 1629. C. Cardinal Barberini, 1656. Arg. et C. (3926 à 28). 3 p. B. et TB.

659 *Assemblées du clergé, etc.* SOLVIT ET LIGAT. Nœud. ℞. SACRIS DISPVNCTIONIBVS. 1586. Livre ouvert (3929 a). Arg. TB. Rare.
Pl. III.

660 Méreau. ECCLIE PAR. ℞. TAS CON NOR CAP (3929). Le roi deb. 1598. Assemblées de 1600, 1650. s. d. C. 1665. Arg. et C. 1670, 1680. Arg. 1675. C. (3929, 30 à 40). 10 p.

661 1690. La Religion. ℞. Autel. 1700. Phare 1705. Melchisedec bénit Abraham. 1710. Abimelech et David. 1715. L'arche d'alliance. (3944, 48, 49, 51, 53). Arg. 5 p. B. et TB.

662 1723. La Religion guidant le jeune roi. 1725. Soleil sur la moisson. 1730. Navire. 1734. La Religion versant de l'or sur les marches du trône (3954, 57, 58, 60). Arg. 4 p. B. et TB.

663 1735. La Religion sacrifiant. 1740. La Religion montrant un arc-en-ciel. 1742. Laurier 1745. Buste de Louis XV. ℞. Inscription (3962, 64 à 66). Arg. 4 p. TB.

664 Armes de la Bastie. ℞. du précédent. Autre, MATTHIAS EPISCOPVS TRECENSIS. Ses armes. (3967, 68). C. 2 p. TB.

665 1747, 48, 55. Buste du roi. ℞. Inscription (3969 à 71). Arg. 3 p. TB.

666 Ecu aux armes de Rigoley de Juvigny. ℞. du précédent, 1755 (3972). Arg. TB. Rare.
Pl. III.

667 1758, 60, 62, 65. Buste de Louis XV. ℞. Inscription (3973 à 76). Arg. 4 p. TB.

668 1770, 72. Même type. Octog. (3977 à 79). Arg. 3 p. TB.

669 1775, 80, 85. Même type, buste de Louis XVI. 1782. Don pour la marine (3980 à 84). Arg. 5 p. TB.

670 Jetons et refrappes (Nos non cités ci-dessus). Arg. 2 p. C. 12 p. TB.

Jetons religieux divers

671 1586. Armes de France. ℞. Armes de Sixte V. 1588. Le Christ. ℞. Autel. 1596. Palmier. (3985 à 88). C. Refrappes (3993, 94, 96). Arg. et C. — Ens. 7 p. TB.

672 Aumônes des couvents (3991 et var., 92, 95). Arg. 4 p. TB.

673 *Imitation du gros tournois de St-Louis.* (3997 à 4013). Arg. et C.
17 p. La plupart B. et TB. Plusieurs trouées.

Eglises de Paris

674 *La Ste Chapelle.* Intéressante série de méreaux : écu fleurdelisé,
couronne, lis, croix et couronne d'épines, clou dans la couronne d'épines, etc. (4014 à 4041). Arg. 4 p. C. 26 p. Quelques
refrappes. En général B. et TB.

675 *Notre Dame.* ʙ ᴍ. Buste de la Ste Vierge de face. ℞. + ᴄᴀᴘʟ ɢɪʙɢ
ᴍᴀɪᴇ. Croix cantonnée de quatre fuseaux (4043). Méreau. C.
Très beau.   *Pl. VIII.*

676 Méreaux divers, C. et Pb. (4042 à 42 ᶜ, 43 ᵃ à 53). Jeton s. d.
Vierge de face. ℞. Le Christ bénissant. Arg. (4054). *Pont
Notre-Dame.* Curieux méreau, 1551. C. (4055). — Ens. 18 p.
La plupart TB.

677 *St Eustache.* Le Saint à genoux devant le cerf. ℞. ꜰʀ. ᴅᴠᴘᴀʀQᴠɪᴇʀ
ᴄᴏᴍᴿᴱ ᴅᴇꜱ ᴘᴀᴠᴠʀᴇꜱ. 1688. Ses armes (4062). Arg. B. Rare.

678 St-Eustache deb. entre un lion et un ours qui enlèvent ses
enfants. A l'ex. ᴄᴏɴꜰʀᴇʀᴱ ʀᴏʏᴀʟᴇ ᴇᴛ ᴘᴀᴛʀᴏɴᴱ ᴅᴇ ꜱᵀ ᴇᴜꜱᴛᴀᴄʜᴇ ᴇᴛ
ᴅᴇ ꜱᵀᴱ ᴀɢɴèꜱ 1725. ℞. St Agnès deb. (4064). Arg. TB. Rare.

679 Les marguilliers. 1726. Cor et palmes. ℞. Le miracle de St-Eustache (4065). Arg. TB.

680 Compagnie du St Sacrement. 1742. Pélican. (4076). Arg. FDC.

681 Fabrique. Type du 679. A l'ex. ᴊ. ᴊ. ᴘᴏᴜᴘᴀʀᴛ ᴄᴜʀé 1786. Octog.
(4080). Arg. TB.

682 Méreaux (4056 à 61) et jetons (4063, 66, 69, 70, 77). C. 11 p.

683 Refrappes (Nᵒˢ non cités). Arg. 8 p. C. 5 p. TB.

684 *Ste Geneviève.* 1740. La Sainte protégeant Paris. ℞. Procession
de la châsse (4090). Arg. et C. 2 p. TB. Rares.   *Pl. III.*

685 Jetons et refrappes (4084 à 89 ᵃ). Arg. 3 p. C. 4 p.

686 *St Germain l'Auxerrois.* Buste du Saint à dr. ℞. 1684. Monogr.
sur un écu. (4092). Arg. TB. Rare.   *Pl. III.*

687 Buste de Louis XV. ℞. St Germain et le bienheureux Loup. 1734
(4113). Arg. TB. Rare.

688 — Autres bustes (4114, 14 ᵃ). Arg. 2 p. B. et TB.

689 Buste de Louis XVI. ℞. Le même (4115). Arg. TB.

690 Jetons et refrappes (Nᵒˢ non cités). Arg. 15 p. C. 20 p. Etain 1 p.
La plupart TB.

691 *St André des Arcs.* Buste à g. d'Eloi Marie des Bois de Rochefort. ℞. La Charité assise, 1779. (4132, 33). Arg. et C. 2 p. TB. Rares.

692 Buste de Louis XVI. ℞. Le même. Arg. B. (4134). Méreaux (4131, 35). Pb et C. — Ens. 3 p.

693 *L'Assomption.* Buste de Louis XVI. ℞. Assomption (4136). Refrappes (4136, 38). Arg. 3 p. TB.

694 *St Barthélemy.* Jetons et refrappes (4139 à 44). Arg. 1 p. C. 5 p. B. et TB.

695 *St Benoit.* s. b. ℞. HORE. Petit méreau. (4145). C. TB. *St Claude.* Méreau (4146). Pb. TB. *Notre Dame aux Bourgeois.* Jeton et méréaux (4155 à 63). C. 9 p. — Ens. 11 p.

696 *Notre Dame de Bonne Nouvelle.* Armes de Mre de Puibusque. ℞. La Salutation. 1769. (4150). Arg. B. Rare.

697 Buste de Louis XVI. ℞. Le même (4153, 54). Arg. et C. 2 p. B. et TB.

698 Refrappes (4147 à 49, 51 à 52 ª). Arg. 5 p. C. 1 p. TB.

699 *Chartreuse de Paris.* St Louis, assis, de face. ℞. 1574. Lis (4164). C. TB. Rare.

700 *St Denis de la Chartre.* s. d. e. n. en croix. (4165). C. *St Esprit-en-Grève.* (4169). Etain. *St Etienne-des-Grés.* (4170 à 79). C. 9 p. Et. 1 p. — Ens. 12 p. La plupart B. et TB.

701 *St Etienne-du Mont.* Le Saint deb. de face (4180, 80ª). C. 2 p. B. et TB.

702 *St-François de Sales.* (4181). *St Germain-le-Vieil.* (4182 à 85). *St Gervais et St Protais.* (4190 à 95). Méreaux. C. 11 p.

703 Armes d'Argenson, 1er marguillier. ℞. St Gervais et St Protais, 1715. (4196, 97). Arg. et C. 2 p. TB. Rares.   *Pl. III.*

704 Buste de Louis XV. ℞. Le même (4198 à 201). Arg. 4 p. TB.

705 Buste de Louis XVI. ℞. Le même (4202). Arg. TB.

706 *St Jacques de la Boucherie.* Le Saint deb. ℞. CONFRAIRIE DU S^T SACREMENT. Ostensoir (4206, 7). Arg. et C. 2 p. B. Rares.

707 1685. Armes de Rosnel. ℞. St Jacques (4208). C. 1703. Buste de Louis XIV ; autres, vue de la ville (4208 à 11). Arg. 1 p. C. 3 p. B. et TB.

708 — Autres, buste de Louis XV. 1766. Vue de la ville (4212 à 14). Arg. 3 p. TB.

709 *St Jacques de l'Hopital.* Série intéressante de méreaux (4215 à 29ª). C. 16 p. B. et TB.

710 *St Jean-en-Grève*. Joli méreau au chef de St Jean (4231). C. TB.
Pl. VIII.

711 Fr. de Raisse de la Hargerie (4234 à 39, 41). C. 7 p. *St Laurent.*
Buste de Louis XVI. ℞. St Sacrement, 1740. Arg. et C. Autre
type, 1736. C. (4246 à 49). — Ens. 11 p.

712 Buste de Louis XV. ℞. St Laurent (4243, 44). Arg. 2 p. B. et TB.

713 St Laurent. ℞. Ostensoir. 1740 (4245). Arg. TB. Rare. *Pl. III.*

714 *St Louis-en-l'Ile*. Charité de la paroisse ; pain de 4 et 6 livres.
Jetons Louis XIV et XVI au St Louis deb. attribués à cette
église (4253 à 56ª). Arg. 2 p. C. 3 p. TB.

715 *Ste Madeleine en la Cité*. Buste de Louis XIV. ℞. 1710. La Cène ;
petit écu de Machault (4259, 60). Arg. 2 p. TB.

716 Buste de Louis XVI. ℞. Marie-Madeleine se dépouillant de
ses bijoux (4265, 66). Arg. et C. 2 p. TB.

717 *Ste Madeleine-Ville l'Evêque*. Buste de Louis XV. ℞. 1750. La
Sainte aux pieds du Christ (4271). Arg. TB.

718 — Bustes variés (4268, 69). Arg. et C. 2 p. TB. La Sainte deb.
(4278). Méreau. C. B. — Ens. 3 p.

719 *Ste Marguerite*. (4279, 80). C. et Etain *Ste Marie l'Egyptienne* (?)
1603 (4281). C. *St Martin des Champs*. Méreaux, 1588, 1666,
1633, et s. d. (4282 à 87). C. et Pb. *St Médard*. 1783. Buste de
Louis XVI (4288). Arg. AB. — Ens. 10 p.

720 *St Merry*. Buste de Louis XV. ℞. MARGUILLIERS DE SAINT MERRY.
1754. Palmes, tiare, clefs, croix, crosse (4294, 96). Arg. 2 p. TB.

721 — Autres bustes (4293, 97 à 99). Arg. 4 p. B. et TB.

722 Buste de Louis XVI. ℞. Le même. Arg. Méreau, 1665. C. (4301,
4292). *St Nicolas du Chardonneret* (?). Méreaux (4302, 2 ª). C.
— Ens. 4 p. TB.

723 *St Nicolas-des-Champs*. Buste de Louis XVI. ℞. St Nicolas. 1774.
(4305). Arg. TB. Rare. *Pl. III.*

724 — Même type varié. 1780 (4309). Arg. FDC.

725 1766. Le Saint. ℞. Ostensoir. Arg. Jetons et Méreau. C. (4303, 4,
6, 7). *Ste Opportune*. Méreaux (4311 à 13). C. — Ens. 7 p.

726 *St Pierre-de-Chaillot*. Buste de Louis XVI. ℞. Tiare et clefs
(4314). Arg. TB. Rare. *Pl. III.*

727 — Variété (4315). C. *St Roch*. Armes de G. D. Duchoiselle, commissaire des pauvres, 1684. (4319). Abimé, mais très rare.
Méreaux (4328, 29). C. et Pb. — Ens. 4 p.

728 Buste de Louis XV. ℞. St Roch. 1744 (4320 à 22). Arg. 3 p. TB.

729 Buste de Louis XVI. ℞. Le même (4323 à 25). Arg. 3 p. TB.

730 *Saint Sauveur*. Buste de Louis XV. ℞. COMP^{NI} DU S^T SACREMENT ET
S^T NOM^{DE} JESVS A S^T SAUVEUR 1755. Ostensoir, I H S, clous (4330).
Arg. TB. Rare. *Pl. III.*

731 *St Severin* ? S et crosse. ℞. VI. S. S. accostant le buste du saint
(4331, 32). Méreaux. C. 2 p. TB. Rares.

732 *St-Sulpice*. Les marguilliers et les commissaires des pauvres,
1756. Buste de Louis XV. ℞. La Vigilance et la Charité (4336).
Arg. TB. Rare. *Pl. III.*

733 LES COMMISSAIRES DES PAUVRES DE S^T SULPICE 1713. ℞. Un commissaire distribuant des aumônes (4347). Arg. TB.

734 Buste de Louis XV. ℞, Le même (4335). Arg. TB.

735 Variétés des précéd. Arg. et C. Confrairie de St Sulpice, 1762.
Arg. Fruste. (4334, 46, 48, 49). — Ens. 4 p.

736 *La Trinité*. LE COIN A ETE F. DES DENIERS DE LA CONF. DU TEMS DE.
Le Père, le Fils et le St Esprit. ℞. M^{RS} S^T MARTIN PERRET BASSE
ET GAMET 1742. Adoration du St Sacrement (Non décrit. Voir
Vente Richard 1055). C. TB. Rare.

737 *Hotel Dieu*. Buste de St Vincent de Paul. ℞. HOSPICE DE LA MATER-
NITÉ (4351). Arg. TB.

738 *Lot* de jetons et refrappes (N^{os} non cités de 4166 à 4350). Arg.
30 p. C. 36 p. Et. 3 p. B. et TB.

Académies

739 *Académie Française*. Buste de Louis XIV. ℞. PROTECTEVR DE
L'ACADEMIE FRANCOISE. Dans une couronne : A L'IMMORTALITÉ. A
l'ex. dates variés, de 1673 à 1705. (4352 à 58, 62, 64, 66 à 72, 74).
Arg. 17 p. B. et TB.

740 Buste de Louis XV ou XVI. ℞. La même (4375 à 81). Arg. 7 p.
TB.

741 *Académie des inscriptions et belles lettres*. Buste de Louis XV.
℞. Femme debout, 1717 et s. d. (4383 à 94). Arg. 13 p. TB.

742 Buste de Louis XVI. ℞. Le même, varié. (4395 à 98). Arg. 4 p. TB.

743 *Académie des sciences*. Buste de Louis XV. ℞. Minerve assise à
g. (4404, 5, 6, 6ª, 7 à 8ª). Arg. 8 p. TB.

744 Buste de Louis XVI. ℞. Minerve assise à dr. (4409 à 12). Arg.
4 p. B. et TB.

745 N^{AS} CH^E DE THY C^{TE} DE MILLY DE L ACA^{IE} ROY^{LE} DES SCIENC^{ES}. Son buste
à g. Dessous, V.˙.D.˙.L.˙.L.˙.D.˙.N.˙.S.˙. ℞. Les Muses bâtissant
un Temple. A l'ex., DES NEUF SŒURS .˙. 5781.˙. (4413). Arg. TB.
Rare. *Pl. III.*

746 — Même pièce (4413ª). C. TB. Rare.

747 *Académie de St-Luc.* Buste de Louis XV. ℞. Minerve tenant l'écu
des peintres de Paris. 1758. Arg. Buste de Louis XVI. ℞. Le
même. Arg. et C. (4414 à 17). 4 p. TB.

748 *Académie de peinture et sculpture.* Buste de Louis XV. ℞. La
Peinture et la Sculpture assises, 1764 (4418). Arg. TB.

749 Buste de Louis XVI. ℞. Le même (4421 à 23). Arg. 2 p. C. 1 p.
TB.

750 *4cadémie d'architecture.* Buste de Louis XVI. ℞. ACADEMIE
ROYALE D'ARCHITECTURE (4426, 29). Arg. 2 p. TB.

751 *Académie celtique.* Génie découvrant la Gaule assise. ℞. ACADEMIE
CELTIQVE FONDEE AN XIII. (4428). Arg. TB. Rare. *Pl. III.*

752 *Lot* de jetons et refrappes (Noʰ non cités). Arg. 1 p. C. 18 p. B.
et TB.

Université de Paris

753 *La Sorbonne.* 1764. Le porche. ℞. SCRIPTURA SACRA... etc. Arg. et
C. Buste de Robert de Sorbon. ℞. La Sorbonne. Octog. Arg.
(4429 à 31). 3 p. B. et TB.

754 *Messagers de l'Université.* Charlemagne à mi-corps de face. ℞.
Armes des Grands Maîtres de l'Université, dates variées (4432
à 47). Arg. 4 p. C. 11 p. B. et TB.

755 *Collège Louis-le-Grand.* Bustes accolés de Louis XIV et XV.
℞. Fleuve couché. 1763. (4448 à 50), Arg. et C. *Collège royal.*
Buste de Louis XVI. ℞. COLLEGE ROIAL DE FRANCE. Armoiries.
Arg. (4451, 52). — Ens. 5 p. TB.

Ecoles et Sociétés

756 *Ecoles gratuites de dessin.* Assiduité (4454 à 62). C. *Société des
amis réunis.* 1780. (4476, 77). Arg. et C. *Société philomatique.*
1788. (4481). Arg. *Maison philanthropique.* 1781. (4478 à 80).
Arg. et C. — Ens. 15 p. TB.

757 *Lycée des Arts* (4473, 73ª). *Société philotechnique.* Types variés.
(4482 à 84). *Société des inventions et découvertes,* 1791. (4485 à
87). Arg. Refr. (4689, 91). — Ens. 4 p. Arg. 6 p. C. TB.

758 *Académie de musique.* Buste de Louis XVI. ℞. Amphion. 1780.
Oct. *Théâtre de la République et des arts,* an VII. La République. ℞. Le même. (4463, 64). Arg. 2 p. B. et TB.

759 *Enfants d'Apollon,* 1777. Concert des amateurs. Autres, s. d.
Conservatoire de musique. Exercices. *Académie des lanter-
nistes.* (4465 à 72, 74, 75). Arg. 4 p. C. 6 p. TB.

760 *Société galvanique.* 1802. Femme deb. touchant avec deux baguettes les extrémités d'une pile (4488). Arg. TB. Rare.
Pl. IV.

761 *Ecoles de Paris.* 1735. La Vierge. ℞. 1752. Apollon enseignant (4490). Arg. TB.

Faculté de Médecine de Paris

762 **Doyens.** *Philippe Hardouin de St Jacques.* Ses armes. ℞. VRBI ET ORBI SALVS. Trois cigognes. A l'ex. FACVL. MEDIC. PARIS. 1638 (4492). Arg. TB. Rare.
Pl. IV.

763 *Michel de la Vigne.* 1643. CŒLI ET PACIS AMORE. Ses armes. ℞. Cigognes (4493). Arg. TB. Rare. *Pl. IV.*

764 *Jean Merlet.* 1646. Ses armes. ℞. Cigognes (4495). Arg. TB.
Pl. IV.

765 *Guy Patin.* 1652. Tête à dr. ℞. Cigognes, 1648 (4496, 97). Arg. et C. 2 p. TB.

766 — Même p., datées 1652 au revers (4498, 98 ª). Arg. et C. 2 p. TB.
Pl. IV.

767 *Paul Courtois.* 1654. Ses armes. ℞. Cigognes, 1652 (4499). Arg. TB. *Pl. IV.*

768 *Jean de Bourges.* 1656. Ses armes. ℞. Même revers, 1652 (4500 et 4501). C. 2 p. TB.

769 *Roland Merlet.* 1658. Ses armes. ℞. Même revers, 1652 (4502). Arg. TB. *Pl. IV.*

770 *François Blondel.* 1600. Ses armes. ℞. Cigognes. (4503, 4). Arg. et C. 2 p. TB. *Pl. IV.*

771 *M. P. Morisset.* 1662. Esculape. ℞. Cigognes. Arg. *Antoine Morand.* 1664. Buste à g. ℞. Cigognes. C. (4506, 10). — Ens. 2 p. B. et TB.

772 Ses armes. ℞. Le même. (4512). Arg. TB. *Pl. IV.*

773 *Le Vignon.* 1666. Buste à dr. ℞. Cigognes (4513). Arg. TB.
Pl. IV.

774 — ℞. Bras tenant trois serpents (4514). C. TB.

775 *Jean Arm. de Mauvillain.* 1668. Tête à dr. ℞. Ulysse aveuglant Polyphème (4515, 16). Arg. et C. 2 p. TB. *Pl. IV.*

776 *Antoine le Moine.* 1678. Tête à dr. ℞. Cigognes. *Claude Quartier.* 1680. Buste à dr. *Bertin Dieuxivoye.* 1684. Aigle (4520, 23, 24). C. 3 p. TB. et FDC.

777 *Gui Fagon.* 1696. Buste à g. ℞. Ruche et essaim (4525). Arg. TB.
Pl. IV.

778 *Jean Boudin.* 1696 et 1698. Buste à dr. ℞. 1700. Chiron instruisant Esculape (4526). C. FDC.

779 *Fr. Vernage.* 1703. Buste de Fagon à g. ℞. Ecusson aux trois cigognes (4527, 28, 29). Arg. 1 p. C. 2 p. TB.

780 *Philippe Hecquet.* 1713. Serpent rampant vers le temple d'Esculape. ℞. Ecusson aux trois cigognes. 1714. Buste à g. ℞. Même type du serpent. *J. B. Doye.* 1715-16. Jupiter foudroyant les Titans. *G. E. Emmerez.* 1721-22. La Justice. *Ph. L. Caron.* 1724. Armes de la Faculté (4533, 36, 40, 55, 58). C. 5 p. B. et TB.

781 *Hy. Theod. Baron.* 1731-32. Buste à dr. ℞. Esculape, serpent et coq (4564, 65). Arg. et C. 2 p. TB.

782 1733-34. Scène d'amphithéâtre (4568, 70, 71). Arg. 1 p. C. 2 p. TB.
Pl. IV.

783 *M. L. Reneaume.* 1734-35-36. Cigognes. Arg. et C. *Bourdelin.* 1736-37-38. Inscription. C. (4572, 73, 74, 76). — Ens. 4 p. TB.

784 *J. B. Chomel.* 1738-39-40. Son buste. ℞. Ses armes. Arg. et C. Autre. ℞. Cigognes. C. (4579, 80, 82). Ens. 3 p. TB.

785 1738-48. Même buste. ℞. Inscription (4583). Arg. TB.

786 *Elias Col de Villars.* 1740-41. Buste à dr. ℞. Cigognes (4585). Arg. TB.

787 — ℞. Armes de la Faculté (4587). Arg. TB.

788 Même p. C. 1744. L'amphithéâtre. *C. J. de l'Epine.* 1744-45-46. Salle de cours. *J. B. Th. Martinenq.* 1746-47-48. Armes de la Faculté (4588, 90, 91, 95, 99). C. 5 p. TB.

789 — ℞. RECOGNITA ITER ET AVCTA PHARMAC PARIS (4601, 2). Arg. et C. 2 p. TB.

790 *Hy. Theod. Baron.* 1751. SANCITIS A SUPREMO SENATV CONFIRMATISQVE FACULTATIS MEDICINÆ PARIS LEGIBVS. Autre. ℞. Armes de la Faculté. 1754. Type du précédent (4609, 11, 13, 14). Arg. 1 p. C. 3 p. TB.

791 *J. B. L. Chomel.* 1754-55-56. Buste à g. ℞. Cigognes (4615, 16). Arg. et C. 2 p. TB.

792 *J. B. Boyer.* 1756. Armes de la Faculté. C. Autre. Serpent rampant vers le temple d'Esculape. Arg. et C. (4617, 18, 19). — Ens. 3 p. TB.

793 — Armes de Boyer (4621). Arg. TB.

794 1758. Même type varié (4622, 23). Arg. et C. 2 p. TB.

795 *J. Le Thieullier.* Buste à dr. ℞. Ses armes (4625, 26). Arg. et C.
 2 p. TB.

796 1760-61-62. Armes de la Faculté (4629, 3o). Arg. et C. 2 p. TB.

797 *Pierre Bercher.* 1766-67. Buste à g. ℞. Cigognes (4640). Arg. TB.

798 *L. P. Fr. Le Thieullier.* 1768-69. Buste à g. ℞. Ses armes. Arg.
 et C. 1768-69-70. Même type. C. 1772. Inscription. C. (4643,
 44, 45, 47). 4 p. B. et TB.

799 *Jacques Louis Alleaume.* 1774-75. Ses armes. Arg. 1775. Génie
 devant l'Ecole de Droit. C. (465o, 53). 2 p. TB.

800 *Jean des Essarts.* 1776-77. Ses armes. C. 1777. Inscription. Arg.
 et C. (4656, 59, 60). 3 p. AB. et TB.

801 *Thomas Le Vacher de la Feutrie.* 1779-80. Ses armes. (4662, 63).
 Arg. et C. 2 p. TB.

802 *Joseph Philip.* 1780-81. Alexandre et son médecin. (4666). Arg.
 TB.

803 1780-81-82. Même type (4668). Arg. TB.

804 *Pourfour du Petit.* 1782. Hygie sacrifiant (4672, 73). Arg. et C.
 2 p. TB.

805 *J. Charles Henri Sallin.* 1784-85. Ses armes (4676, 77, 78). Arg.
 1 p. C. 2 p. TB.

806 *Edmond-Claude Bourru* 1786-87. La Concorde et la Constance
 se donnant la main. Arg. 2 p. C. 1 p. 1787-88. Inscription. C.
 (4680, 82, 83, 87). — Ens. 4 p. TB.

807 1790. Inscription (4689, 90). Arg. et C. 2 p. TB.

808 *Lot.* Ph. Hecquet, J.B. Doye, A. Douté, S. F. Geoffroy,
 J. B. Chomel, Col de Vilars, G. J. de l'Epine, J. B. T. Marti-
 nenq, H. Th. Baron, J. Le Thieullier, J. L. Alleaume, J. C.
 Desessartz. (4535, 37 à 39, 41, 44, 5o, 62, 81, 92, 94; 4603, 12,
 31, 51, 54, 57, tous avec la mention RF ou RF ? - refrappe).
 Arg. 11 p. C. 6 p. TB. et FDC.

809 Jetons des doyens. Refrappes, quelques apocryphes (N°ˢ non
 cités ci-dessus). Arg. 3o p. C. 61 p. Etain. 4 p.

Société de Médecine

810 LVDOV. XVI REX CHRISTIANIS. Buste à dr. ℞. SOCIÉTÉ ROYALE DE
 MÉDECINE (4694). Or. TB. Très rare. *Pl. IV.*

811 Le même jeton. Arg. Variété. Arg. et C. (4695, 92, 93). — Ens.
 3 p. B. et TB.

812 1796. Serpent sur le bâton d'Esculape (4697, 98). Arg. et C. 2 p.
TB.

813 — Variété. Cuivre. Médaille : PRIX D'EMVLATION. 32 ⚹ C. (4696,
99). — Ens. 2 p. B.

Ecole de chirurgie

814 1668. St Côme et St Damien pansant un blessé. ℞. Armes de
l'Ecole de chirurgie (4702). Arg. TB.   *Pl. IV.*

815 — Même p. C. 1635. Main opérant la saignée d'un bras. C. 2 p.
(4700, 1, 3). 3 p. B. et TB.

816 1674. Armes de Félix, chirurgien du roi. ℞. Trois sangsues (4704).
Arg. TB. Rare.   *Pl. V.*

817 1686. Apollon. ℞. Jardin botanique (4712). Arg. TB. Rare.

818 — Même p. 1690. Buste de St-Louis. 1706. Armes de Mareschal.
℞. L'amphithéâtre (4713, 14, 15, 19, 20). — Ens. 5 p.

819 1691. Tête de Louis XIV. ℞. L'amphithéâtre (4718). Arg. TB.

820 1721. Buste lauré de Louis XV. ℞. Le même (4723). Arg. TB.

Académie de chirurgie

821 1723. Buste de Louis XV. ℞. Main entre 2 serpents (4725). Arg.
TB.

822 — Variétés (4724, 26). Arg. 2 p. B. et TB.

823 1741. Buste de Louis XV. ℞. Apollon et Hygie. (4727 à 4733).
Arg. 7 p. TB.

824 1751. Buste de Louis XV. ℞. Génie présentant un écusson à
Minerve (4734, 35, 36). Arg. 3 p. TB.

825 1775. Buste de Louis XVI. ℞. Facade de l'école (4738, 39). Académie des inscriptions. ℞. Variété du précédent (4741). Arg.
3 p. TB.

Chirurgiens-barbiers

826 1646. Hippopotame. ℞. Main tenant un serpent (4743). Arg. TB.
Rare.   *Pl. V.*

827 1651. Main couronnée entre deux serpents. ℞. Emondeur taillant un arbre (4745). Arg. TB. Rare.   *Pl. V.*

828 1652. Même type varié. ℞. Squelette empalé (4748). Arg. TB.
                                                        Pl. V.

829 — Type des 3 précédents (4744, 46, 49). C. 3 p. B. et TB.

830 1682. Type du n° 827 (4750). Arg. TB.   *Pl. V.*

831 Lot de jetons et refrappes (N⁰ˢ non cités ci-dessus). Arg. 7 p.
C. 9 p. B. et TB.

Pharmaciens apothicaires

832 Armes des pharmaciens. ℞. Le jardin des plantes (4751). Arg.
AB. Rare.

833 Rouvière, 1706. Collège de pharmacie, 1778, 1782 et s. d. Société
de pharmacie, 1796 (4752 à 62). Arg. 5 p. C. 5 p. Et. 1 p. Quelques refrappes.

Corporations de Paris

834 *Juges et consuls des marchands* Statue équestre de Louis XIV.
℞. 1697. Vaisseau. Buste de Louis XIV. ℞. La Justice allant à
dr. (4764, 67). Arg. 2 p. TB.

835 Buste de Louis XV. ℞. Le même (4768 à 70). Arg. 3 p. TB.

836 Autres, datés 1750 (4771 à 74). Arg. 4 p. TB.

837 Buste de Louis XVI. ℞. Le même (4775, 76, 78 et var.). Arg. 4 p.
TB.

838 *Six corps des marchands.* Buste sur une base de Louis XIV. ℞.
Hercule essaie de rompre un faisceau (4779). Arg. TB.

839 Buste à dr. ℞. 1672. Même type. Autre, 1701, même type varié
(4781, 84). Arg. 2 p. TB.

840 Buste de Louis XV. ℞. Même type, 1725 (4790, 91). Arg. 2 p. TB.

841 Buste de Louis XVI. ℞. Le même, 1776 et 1780 (4792 à 95). Arg.
4 p. TB.

842 *Drapiers.* 1656. Ruche. ℞. Navire. 1665. Buste du roi. ℞. Toison
d'or. 1685. Armes des drapiers. ℞. Berger (4796, 97, 98). Arg.
3 p. TB.

843 1698. Navire. ℞. Toison d'or. 1699. Vue de la cité (4802, 6). Arg.
2 p. B. et TB.

844 N. Paignon, 1700 Navire. ℞. Coq enlevant la Toison d'or à un
lion et un léopard. Arg. Buste de Louis XIV. ℞. Le même,
cuivre (4808, 9). 2 p. TB.

845 Abel Poncet, 1701. Navire. ℞. Dragon gardant la Toison (4811).
Arg. TB. Rare.   *Pl. V.*

846 J. Devin. 1703. Navire. ℞. Coq défendant la Toison contre un
lion, un aigle, un léopard (4812). Arg. TB. Rare.

847 Antoine Charles Langlois, 1704. Ses armes. ℞. Navire (4813).
Arg. TB. Rare.   *Pl. V.*

848 H. Derosnel, 1705. Navire. ℞. Toison d'or. (4815). Arg. TB.
Rare.

849 J. de Paris, 1705. Ses armes. ℞. Navire (4817). Arg. TB. Rare.
                                                            Pl. V.

850 N. Gallois, 1705. Derosnel, J. de Paris, semblables aux 2 précédents (4814, 16, 18). C. 3 p. B. et TB.

851 J. Perdrigeon, 1715. Navire. ℞. Jason dans sa nef (4820). Arg. et C. 2 p. B.

852 — Navire dans un entourage soutenu par deux dauphins, 1723. ℞. du précédent (4822). Arg. TB.

853 Buste de Louis XV. ℞. Navire dans un entourage comme le précédent, 1773 (4824, 25). Arg. 2 p. TB.

854 Nicolas Hureau. Ses armes. ℞. Le même (4826). Arg. TB. Rare.
Pl. V.

855 Mathias Lievain, 1724. Ses armes. ℞. Même type varié (4827). Arg. TB. Rare.
Pl. V.

856 M. Boulliette, 1725. Ses armes. ℞. Le même. (4828). Arg. TB. Rare.
Pl. V.

857 Méreau au St Nicolas (4831). C. TB. Rare.

858 *Epiciers-apothicaires.* 1629. Ecus de France Navarre. ℞. Serpent autour d'un palmier (4833). Arg. TB. Rare.
Pl. V.

859 — Même p. et variétés de 1628 (4832, 32 ª, 34). C. 3 p. B.

860 1632. Armes de la corporation. ℞. Même palmier. (4835). Arg. B. Rare.

861 1710. Armes des apothicaires. ℞. Armes des épiciers. Arg. et C. Buste de Louis XIV. ℞. Le même. Arg. et C. (4836 à 39). 4 p. TB.

862 *Merciers.* Nef de Paris. ℞. St Louis. (4842). Arg. TB. Rare.
Pl. V.

863 Même type, 1588. Autre, 1606. (4841, 43). Arg. 2 p. B. et TB. Rare.

864 Buste de St Louis. ℞. Armes de la corporation, 1641. (4848). Arg. TB. Rare.

865 1655. St Louis assis. ℞. Armes de la corporation (4856). Arg. TB. Rare.
Pl. V.

866 1701, 1704. Les 3 navires. ℞. St Louis. (4860, 61). Arg. 2 p. TB.

867 S. d. 1638, 41, 43, 45, 47, 53, 55, 82, 1704. Types variés (4844 à 47, 49 à 55, 57 à 59, 62, 63). C. 16 p. Méreaux des marchands merciers et drapiers et des tailleurs de drap. Plomb. 2 p. (4865, 66). — Ens. 18 p. B. et TB.

868 *Marchands, fabricants d'étoffes d'or, d'argent et de soie.* Buste de Louis XV. ℞. Armes de la corporation (4869). Arg. TB. Rare.

869 — Variété de buste (4870). Autre, daté 1724. Arg. (refr. ?) et C.
(4867, 68). — Ens. 3 p. B. et TB. Rares.

870 *Bonnetiers.* 1664. Armes des bonnetiers. ℞. Coq défendant la
toison contre un lion et un léopard (4871 ᵇ). Arg. B. Rare.

871 Buste de Louis XV. ℞. Armes des bonnetiers, 1746. (4872 à 75).
Arg. 4 p. TB.

872 — Autres, 1758 (4877 à 79). Arg. 3 p. TB.

873 *Orfèvres-bijoutiers.* 1597. Outils. ℞. Calice et outils divers
(4881). C. Buste de Louis XIV. ℞. Armes de la corporation,
1700 (4882, 83, 84). Arg et C. — Ens. 4 p.

874 — Variété de buste (4885). Arg. TB.

875 Buste de Louis XV. ℞. Même type, s. d. (4888 à 91, 93 à 95).
Arg. 7 p. B. et TB.

876 *Lot* de jetons et refrappes (Nᵒˢ non cités). Arg. 9 p. C. 32 p. Et.
2 p. La plupart TB.

Corporations et professions diverses

877 *Affinages.* Buste de Louis XV. ℞. Mer agitée par la tempête.
A l'ex. AFFINAGES DE FRANCE. (4898). Arg. B. Rare.

878 *Agriculteurs.* Comices agricoles de la généralité de Paris, s. d.
Société royale d'agriculture, 1789. Arg. (4899, 4900, 4903).
Vaches distribuées, 1785. Arg. et C. (4905 à 7). — Ens.
6 p. TB.

879 *Alchimistes* (?) 1710. *Arbalétriers.* Lis. ℞. Arbalète. *Archers.*
TOVT MON ESPOIR EST EN DIEV. 1549. Autres, avec VIVE ENFANCE
(4909 à 11 ᵇ). C. 5 p.

880 *Architectes.* Buste de Louis XVI. ℞. CONSOCIARE AMAT. Minerve.
Arg. LIBERTÉ EGALITÉ. ℞. Le même. Arg. et C. (4912, 13, 15, 16).
4 p. TB.

881 *Maitres d'armes.* Buste de Louis XIV. ℞. COMPAGNIE DES Mᴱˢ EN
FAITS D'ARMES DE PARIS. Ecu de la corporation. 1706 (4917).
C. TB. Rare.

882 *Arquebusiers.* Chevaliers de l'arquebuse de Paris. Buste de
Louis XV à dr. ℞. Arbalète et arquebuse en sautoir. (4920).
Arg. TB. Rare.

883 — Autres bustes (4919, 21). Arg. 2 p. B. et TB.

884 Buste de Louis XV. ℞. Fusils en sautoir passés dans une couronne. A l'ex. ARQUEBUSIERS 1760 (4922). Arg. TB.

885 *Assurances.* Buste de Louis XIV. ℞. DVR SOLATIA CASVS. Navire désemparé, 1670 (4923, 24). C. 2 p. B. et TB.
    Attribution incertaine Voir Gauvin n° 103.

886 Buste de Louis XIV. ℞. IMPAVIDAM FERIENT. Navire. A l'ex. CHAMBRE D'ASSVRANCE 1671. (4926). Arg. B. Rare.

887 — Même pièce, d'un autre coin (4927). C. B. Rare.

888 Buste de Louis XIV. ℞. VNA SALVS PELAGO. Navire sombrant et naufragé. A l'ex. CHAMBRE DES ASSVRANCES. (4931). Arg. TB. Rare. *Pl. V.*

889 — Buste cuirassé avec cravate. ℞. Même type, varié (4929). C. TB. Rare.

890 Même buste. ℞. NEC HOSTES NEC MARE TERREMI. Forteresse battue par les flots. Même ex. (4932). Arg. B. Rare.

891 Buste lauré de Louis XV signé M. ℞. VENTOS FRENAT ET IGNÉS. Pluie tombant sur des édifices en flammes et navire sur la mer. A l'ex. COMPAGNIE D'ASSURANCES GENERALES 1754 (4933). Arg. TB. Rare. *Pl. V.*

892 — Buste lauré, cuirassé, avec cordon et lauriers, signé D. V. (4934). C. B. Rare.

893 — Buste lauré, cuirassé, signé fm (4935). Arg. TB. Rare.

894 — Buste lauré, drapé, signé C. N. R. FILIUS. (4936). Arg. TB. Rare.

895 Compagnie d'assurances sur la vie établie en 1787. Pélican. Compagnie d'assurances établie par arrêt du conseil du VI Novembre MDCCLXXXVI. Phénix (4938, 39). C. 2 p. B. et TB.
    La Royale. Gauvin 405 et 400.

896 *Avoués.* Tribunal de 1re instance, an 9. Cour d'appel, s. d. et an XII au buste de Bonaparte (4940 à 41). Arg. 3 p. Octog. TB.

897 *Banques.* Jabach de face à mi-corps. ℞. Ses armes (4944). C. TB. Rare. *Pl. VI.*

898 Bienvenu, 1710 et var. 1720 (4945, 46 a). C. 2 p. Octog. B. et TB.

899 Caisse patriotique, 1791. Caisse d'escompte du commerce, an VI; autre, buste de Bonaparte. (4947 à 49). Arg. 3 p. Octog. TB.

900 Banque de France, an VIII. Caisse d'escompte, 1776. Comptoir commercial, s. d. Pacte des négociants, an X. (4951, 53, 54, 56 à 58, 61, 62). Arg. 7 p. C. 2 p.

901 *Banquiers lombards.* Biche et Mouche; Biccherna de Sienne; Pulci de Florence; Albizzi. (9463 à 84 a). C. 26 p. TB.

902 *Bois* (Commissaires-mouleurs). Leurs armes. ℞. Ste Geneviève, 1711. (4987). Arg. TB.

903 Commissaires-contrôleurs). Buste de Louis XIV. ℞. NE ÆDES VITIENTUR. Commissaire mesurant des planches. A l'ex. CREE AU MOIS DE MARS 1794 (4990). Arg. TB. Rare. *Pl. VI.*

904 Buste de Louis XV. ℞ Minerve, 1732. Commerce du bois-neuf, an 12. Commerce du bois flotté, buste de Jean Rouvet (4992, 93, 97, 95, 5000). Arg. 5 p. TB.

905 *Bouchers.* IL FAIT BON VOIR CONCORDE FRATERNELLE. Armes des grandes boucheries. ℞. RIEN NEST MEILLEVR QUE VIVRE EN VNITÉ. Ecus de St Yon, Thibert et Thumery (5006). Arg. TB. Rare.

906 — Même pièce et variétés. (5001 à 5, 5007). C. 6 p. B. et TB.

907 *Boulangers.* Buste de Louis XV. ℞. St Honoré (5009, 10). Arg. 2 p. B. et TB.

908 Buste de Louis XVI. ℞. Le même. (5011). Arg. TB.

909. *Bourreliers.* Buste de Louis XV. ℞. l'Assomption. (5013 à 17). Arg. 5 p. TB.

910 *Brodeurs-chasubliers.* Leurs armes. ℞. Jardin de plantes tinctoriales, 1704. (5023, 24). Arg. et C. 2 p. TB.

911 Buste de Louis XV. ℞ Armes (5025). Arg. TB.

912 *Cabaretiers.* Buste de Louis XIV. ℞. Le Christ et deux disciples dans les vignes d'Emmaüs (5026). Arg. TB. Rare. *Pl. VI.*

913 — Même p. et variétés, 1657, 60 (5027 à 30). C. 4 p. TB.

914 *Chandeliers et huiliers.* St Jean. ℞. Chandelles suspendues (5032). Plomb. TB.

915 Buste de Louis XV, signé D. V. ℞. Inscription, 1760 (5033). Arg. TB. Rare.

916 — Buste signé *R. filius* (5034). Arg. TB. Rare.

917 Buste de Louis XVI signé TREBUCHET. ℞. Le même. (5035). Arg. TB. Rare.

918 *Chapeliers.* Buste de Louis XV. ℞. Chapeau sur une table, 1765 (5037 ᵃ). Arg. TB. Rare. *Pl. VI.*

919 — Buste au bandeau (5036). Arg. TB. Rare.

920 — Buste signé R. FILIUS (5037). Arg. TB. Rare.

921 *Charbons de bois.* NEC LABOR ISTE GRABAVIT. Armes des mesureurs de charbon. A l'ex. 1415. ℞. La Ville de Paris (5038). Arg. TB. Rare. *Pl. VI.*

922 — Même p. Officiers porteurs de charbon, 1732, 1760. C. 4 p. Commerce de charbon de bois, an 13. Arg (5038 ᵃ à 41. — Ens. 5 p. B. et TB.

923 *Charbons de terre.* Buste de Louis XVI. ℞. Mineur près d'un fourneau, 1775. (5042). Arg. TB.

924 *Charpentiers*. Buste de Louis XV. ℞. Constructions et pont, 1773. Autres, buste de Louis XVI, et variété, s. d. (5043, 45, 46, 48). Arg. 4 p. TB.

925 *Charrons*. Buste de Louis XV. ℞. Ste Catherine, 1755 (5051). Arg. TB. Rare.

926 — Même pièce. B. Autres, buste de Louis XVI. ℞. Le même, 1787. TB. (5050, 53, 56). Arg. 3 p. Rares.

927 *Coches de la Haute-Seine*. An six (5057). Octog. Arg. TB.

928 *Comédiens*. Buste de Louis XIV. ℞. Ruche. A l'ex. COMÉDIENS DV ROY. Soleil. ℞. BAL DES COMÉDIENS DU ROY. Octog. (5058, 59). C. 2 p. TB.

929 *Chambre de commerce*. Navire. ℞. Inscription, 1803. Autre, armes de Paris (5060, 61). Octog. Arg. 2 p. TB. Rares.

930 *Cordonniers*. Buste de Louis XV. ℞. Cordonniers; au-dessus, la Vierge (5065, 66). Arg. et C. 2 p. TB. Rares.

931 Autre, buste de Louis XVI à dr. (5069). Arg. TB. Rare.

932 Autre, buste à g. Arg. Méreau, 1787, de François Naze. C. (5070, 71). 2 p. TB. Rares.

933 *Corroyeurs*. Buste de Louis XV. ℞. Quatre corroyeurs portant la châsse de St Merry, 1755 (5072 à 74). Arg. 2 p. C. 1 p. B. et TB.

934 Buste de Louis XVI. ℞. Le même (5875 à 76ᵃ). Arg. 1 p. C. 2 p.

935 St Merry deb. de face. MDCCLV. ℞. Même type varié, 1755, le 7 retourné (5077). Arg. TB. Très rare.   *Pl. VI*

936 *Distillateurs*. Buste de Louis XV. ℞. St Louis à genoux implorant l'Esprit Saint. Autre, buste de Louis XVI (5078 à 83, 84, 85). Arg. 7 p. C. 1 p. TB.

937 *Doreurs-ciseleurs*. Buste de Louis XV. ℞. St Eloi entouré de palmes, 1752 (5086). Arg. TB. Rare.

938 — Autre, type varié, 1765 (5087). Arg. TB. Rare.

939 — Variété, tête non signée (5090). Arg. TB. Rare.

940 *Eaux de Paris*. Buste de Louis XV. ℞. Armes de Paris. A l'ex. OFFICIERS PASSEUR D'EAU (5091). Arg. TB. Rare.

941 Buste de Louis XVI. ℞. Le même (5094, 95). Arg. et C. 2 p. TB. Rares.

942 Administration royale des eaux, 1788. (5096). Octog. Arg. TB.

943 *Fondeurs*. Armes de M. A. Heron ℞. SIMON RESTELLE 1694. Génie faisant de la métallurgie (5100). C. B. Rare.

944 Buste de Louis XV. ℞. St-Eustache et St Eloi, 1763. (5101). Arg. TB. Rare.

945 — Autre, buste varié. TB. Buste de Louis XVI. ℞. Le même.
AB. (5101 à 3). 2 p. Rares.

946 *Fourbisseurs*. Armes et drapeaux. ℞. St Jean enseignant, 1742
(5104). Arg. TB. Rare.

947 *Foire St-Germain*. Buste de Louis XVI. ℞. ADMINISTRATION DE LA
FOIRE SAINT-GERMAIN-DES-PRÉS. (5106). Octog. Arg. TB. Rare.
Pl. VIII.

948 République assise, an IV. Autre, 1 franc 5o. (5107, 8). C. 2 p. TB.

949 *Fripiers*. Buste de Louis XV. ℞. Le Père et le Fils (5109). Arg.
TB. Troué. Rare.

950 *Fruitiers*. Tête de Louis XV. ℞. St Léonard délivrant deux
esclaves. 1758 (5110). Arg. B. Très rare.

951 *Grainiers*. St Louis. ℞. PORTEVR DE GRAINS. Navire. 1708 (5111).
Arg. TB. Rare.

952 — Même p. cuivre. Officiers porteur de grains, 1759. Port de le
Colle et de la Grève. Mesureurs des grains, grainiers et grai-
nières (5112 à 5123). Arg. 5 p. C. 8 p. Et. 1 p. Plusieurs
refrappes.

953 *Graveurs ciseleurs*. Armes des graveurs ; à l'ex. EXP. POUR LES
VERIFICATIONS. ℞. La Gravure tenant un médaillon au buste de
Louis XV. 1757. (5124, 25). Arg. 2 p. Fruste et FDC

954 *Halles et marchés*. Série intéressante de noms gravés en creux,
souvent accompagnés de dates depuis 1651 jusqu'à la Révolution (5126 à 5251). C. 129 p.

955 *Horlogers*. Buste de Louis XV jeune, habillé. ℞. Minerve entre
une horloge et une sphère (5252). Arg. TB. Rare.

956 – Même buste signé DU VIVIER. (5253). Arg. TB.

957 Buste au bandeau, signé J. C. R en monogr. (5254). Arg. 2 p.
TB.

958 — Autre, signé fm (5255). Arg. TB.

959 Buste lauré, signé *R. filius* (5256). Arg. TB.

960 Buste de Louis XVI (5257 à 57 ᵇ). Arg. 2 p. C. 1 p. AB. et B.

961 *Horticulteurs? Jardiniers?* (5258, 61 à 61ᵇ). *Fabricant de lai-
nage*. Manufacture Paignon, 1644 (5262). C. 5 p.

962 *Huissiers*. Tribunal de 1ʳᵉ instance, an 10 (5260). Oct. Arg. TB.

963 *Lapidaires-orfèvres*. St Jacques. ℞. Massacre des Innocents.
A l'ex. REUNION 1786. (5263, 63 ᵃ). Arg. et C. 2 p. B. et TB.

964 *Libraires et imprimeurs*. Armes de la corporation, 1723.
℞. Livre sous le soleil (5264, 65). Arg. et C. 2 p. TB.

965 *Lingères.* Buste de Louis XlV. ℟. veronique 1713. (5266). Arg.
TB. Rare.   *Pl. VI.*

966 Buste de Louis XV. ℟. Le Saint Suaire, 1719 (5268 à 73). 6 p.
Arg. TB.

967 *Maîtres-maçons.* Buste de Louis XV. ℟. Edifice près d'un pont;
à l'ex. art de la maconnerie. Autres, au buste de Louis XVI ou
Minerve. (5274 à 80 ª). Arg. 8 p. TB.

968 *Maréchaux-Ferrants.* Buste de Louis XV. ℟. Sous une couronne, fer à cheval et instruments de maréchalerie. A l'ex. d. t.
de doucet fichet gilbert mauguy annee 1762. (5283). Arg.
TB. Rare.   *Pl. VI.*

969 — Buste signé fm (5282). Arg. TB. Rare.

970 Buste de Louis XVI. ℟. Type analogue avec marechaux ferrants
eperonniers. 1783 (5284). Arg. AB. Petit méreau et sol contremarqué d'un fer à cheval couronné avec d f g m. (5281, 84 ª).
C. 2 p. B. — Ens. 3 p.

971 *Menuisiers et ébénistes.* Ste Anne enseignant la Vierge, 1748.
℟. Inscription. (5285). Arg. TB.

972 *Miroitiers et opticiens.* M. Linard, 1710. Pierre Bizet, 1708.
(5287, 91). C. 2 p. TB.

973 *Marchandes de modes.* Ecu de France, 1777. ℟. Trois amours
jouant avec des chapeaux et des guirlandes. (5292, 93). Arg. et
C. 2 p. TB.

974 *Navigation.* ie renferme les esperances de plvsievrs. Navire.
1691. ℟. gardes batteavx et mettevrs a ports. Deux hommes
halant un bateau. (5296, 97). Arg. et C. 2 p. B. Rares.

975 *Pâtissiers.* Buste de Louis XV. ℟. maitres patissiers oublaiers
de paris 1770. Moules à gaufres dans une couronne (5299). Arg.
TB. Rare.   *Pl. VI.*

976 Plomb attribué aux pâtissiers (5300). *Pêcheurs au filet.* Gros
tournois et denier au type des monnaies de St Louis (5301 à 2)
4 p. C. *Tailleurs de pierre.* Méreaux avec un marteau, C. et
Plomb. 3 p. (5308 à 10). — Ens. 8 p. B. et TB.

977 *Perruquiers et barbiers.* Buste de Louis XV. ℟. St Louis, 1719.
(5303 à 7). Arg. 5 p. B. et TB.

978 *Poissonniers.* a. chanteav vandevr de poisson de mer. Ses armes.
℟. La Vigilance, 1613 (5316). Arg. B. Très rare.

979 Buste de Louis XIV. ℟. Navire. A l'ex. les vendevrs de poisson
de mer. (5317, 18). Arg. et C. 2 p. TB. Rares.   *Pl. VI.*

980 *Ponts de fer.* Trois ponts sur la Seine, an 9 (5319, 19 ᵃ). Octog. Arg. 2 p. TB.

981 *Rotisseurs.* Le Clerc ; jeton gravé. (5320). *Saltimbanques* (5321). *Tabacs et cafés* (5335) C. Plombs des *Tapissiers* (5344) et des *Teinturiers* (5353). *Porteurs de sel.* Méreau plomb, grand jeton, 1710. C. et moulage en plomb. (5322 à 23 ᵃ). — Ens. 8 p.

982 *Selliers.* Buste de Louis XV. ℞. St Eloi, 1751. (5324 à 26). Arg. 3 p. TB.

983 — Autre, au buste de Louis XVI (5327). Arg. TB.

984 *Serruriers.* Buste de Louis XV. ℞. Armes des serruriers (5328 à 31). Arg. 3 p. C. 1 p. B. et TB.

985 — Buste de Louis XVI. (5332 à 34 ᵃ). Arg. 2 p. C. 2 p. TB.

986 *Taillandiers-ferblantiers.* Buste de Louis XV. ℞. Lanterne sur deux ancres, 1746. (5336). Arg. TB. Rare.   *Pl. VI.*

987 — Autre buste (5337). Arg. TB. Rare.

988 *Tailleurs.* Tête de Louis XIV. ℞. MARCHANDS MAISTRES TAILLEURS. La Trinité. 1714. (5338). Arg. TB. Rare.

989 *Tapissiers.* Buste de Louis XV. ℞. St Louis, 1726. (5345 à 47). Arg. 3 p. TB.

990 — Autres, 1752. (5348 à 50 et var.). Arg. 4 p. TB.

991 *Teinturiers.* Buste de Louis XV. ℞. Soleil sur des fleurs. (5355, 56). Arg. 2 p. TB.

992 — Buste de Louis XVI (5359, 60 ᵃ). Arg. 2 p. TB.

993 *Théâtres.* Ecu de France. ℞. SUBLATO JURE NOCENDI. Vue de la scène. A l'ex. COMICI ITALIANI M. DCC. LVII. (5361). Arg. TB. Rare.   *Pl. VI.*

994 Théâtre de la République et des arts, an VII. (5362). Arg. TB.

995 *Tissutiers, rubaniers et frangiers.* Buste de Louis XV. ℞. Armes de la corporation. 1747. (5363, 64). Arg. 2 p. AB.

996 *Tondeurs.* Ciseaux de tondeur accosté de deux étoiles. ℞. +. HVE. GRANTE. Méreau gravé en creux. (5367). C. TB. Rare.   *Pl. VIII.*

997 *Traiteurs.* Buste de Louis XV. ℞. La Vierge. 1719 (5368 à 72). Arg. 5 p. B. et TB.

998 — Autres et variété de 1757 (5373 à 76). Arg. 4 p. Buste de Louis XVI. ℞. Champ nu avec divers noms gravés en creux (5382 à 86). C. 5 p. — Ens. 9 p. B. et TB.

999 *Verriers, faïenciers, émailleurs.* Buste de Louis XV. ℞. Armoiries, 1767. (5387). Arg. TB. Rare.

1000 *Vendeurs de vin.* Tête de Louis XIV. ℞. Armoiries. 1694. *Marchands de vin.* St Nicolas. ℞. Navire et la date en toutes lettres : Décembre 1651, May 1654, 57, 62, 68, 82, 91. Autre, type analogue, 1689, BOVTEVILLAIN. PREVEL. GVEVDIN. ET. BARDIN. (5389 à 99). C. 10 p. Arg. (refr.) 1 p.

1001 *Gardes marchands de vin.* Coupe sur un autel. ℞. Armoiries (5400 à 6). Arg. 3 p. C. 3 p. et refr. Arg. et C. *Commis-courtiers de vin* (5410 et 10ᵃ). Refr. Arg. et C. *Vignerons?* 1615 et s. d. (5411 et 11ᵃ). C. 2 p. — Ens. 12 p. La plupart TB.

1002 *Chargeurs de vin.* CHARGEVR DE VIN. Homme amenant un fût sur un haquet. 1691. ℞. IVRE ROVLEVR DE VIN. Homme roulant un fût vers un navire. (5407, 7ᵃ). C. et C. argenté. 2 p. TB.

1003 *Inspecteur des vins.* Buste de Louis XV. ℞. RESTAURATIO OFFICIORUM. Vue du port de Bercy. A l'ex. JUIN 1730. CONSEIL DU ROY INSP. DES VINS 31 MARS 1733. (5408). Arg. TB. Rare. *Pl. VIII.*

1004 — Autre ; à l'ex. REG. A. CONS. VIN INSPECT 31 MART 1733 (5409). Arg. TB. Rare.

1005 *Vitriers peintres sur verre.* Buste de Louis XV. ℞. Armes de la corporation, 1715 (5413, 14). Arg. 2 p. B. et TB.

1006 — Buste de Louis XVI. Arg. (5416). Jetons de cuivre, mêmes armes et date, la plupart avec un nom gravé en creux au revers (5413, ᵃ, 15, 17 à 26). — Ens. 14 p.

1007 *Vendeurs de volailles.* Buste de Louis XIV. ℞. Adam et Eve au milieu d'animaux, 1709. (5427, 28). Arg. et C. 2 p. B. et TB.

1008 Buste de Louis XV. ℞. La même, s. d. (5430 à 32). Arg. 2 p. C. 1 p. B. et TB.

1009 — Variétés de buste (5433 à 35 ᵃ et var.) Arg. 5 p. B. et TB.

1010 Lot de jetons et refrappes (Nᵒˢ non cités ci-dessus). Arg. 22 p. C. 84 p. Etain 7 p. Alum. 4 p. La plupart TB.

1011 *Marchands au palais et divers.* Types variés (5440 à 71ᵃ). C. 34 p. En général B. et TB. Quelques refrappes.

1012 *Les Cordeliers.* Sous la présidence de Georges Jacques Danton, 1790. (5472 à 75ᵇ). C. 8 p. *Garde nationale.* 1789. Buste de La Fayette (5475). Arg. et C. — Ens. 10 p. B. et TB.

1013 *Loges maçonniques.* Loge du point parfait, 1760. Frères unis. 1775. St Jean de Jérusalem, 1778. (5478, 82, 83). Arg. 3 p. TB.

1014 Loge de St Jean. Sous le titre distinctif de St Louis de la Martinique des frères réunis. S. d. Buste de Louis XVI. (5481). Arg. TB. Rare.

1015 Amis réunis, 1780. Grand Orient, s. d. et autre de l'époque
 Impériale. (5484, 86, 5512). Arg. 3 p. TB.
1016 La Parfaite estime et société olympique, 1782. (5487). Arg. TB.
 Rare. *Pl. VI.*
1017 Mère loge écossaise du contrat social, Orient de Paris. S. d.
 Loge écossaise de St-Alexandre. Montyon; conseil d'Isis. La
 Constance éprouvée. (5488, 91, 94, 96). Arg. 4 p. TB.
1018 St Antoine du parfait contentement, 1785. (5495). Arg. TB.
 Rare. *Pl. VI.*
1019 Loge des amis de la Paix, 1789. Sincères amis. 1798. Le Sphinx,
 1804. (5500, 5, 11). Arg. 3 p. TB.
1020 St Auguste de la Parfaite Intelligence, 1789. (5504). Arg. TB.
 Rare. *Pl. VI.*
1021 Loge de l'Océan Français. S. d. Octog. (5507). Arg. TB. Rare.
1022 Loge de la Trinité, 1802. (5508). Arg. TB. *Pl. VII.*
1023 Jetons et refrappes (5476, 77, 79, 80, 85, 89, 90, 92, 93, 97 à 99,
 5501 à 3, 6, 8 ª, 9, 10, 12 ª). Arg. 2 p. C. 18 p. B. et TB.

Notables de Paris et de l'Ile-de-France

1024 *Bureau de Dammartin* (Trésorier de France de 1412 à 1416).
 Bourse. ℞. Croix cantonné de quatre feuilles (5513). C. B.
 Rare.
1025 *Guillaume Duché* (Banquier lombard?). St Michel tenant un
 écu. GETOERS GVILL DVCHE ETA CES COPAIGVS. Monogr. surmonté
 d'une croix (5514). C. TB. Très rare. *Pl. VII.*
1026 *Teste.* GETES LECOMPTE AV VRAI. Ses armes. ℞. Croix fleurdelisée
 . (5516). C. TB. Rare. *Pl. VI.*
1027 ✝ POVR MAESTRE SIMON TESTE. Mêmes armes avec lambel. ℞.
 Croix cantonnèe de quatre lis (5517). C. TB. Rare. *Pl. VII*
1028 *Deschamps?* Ses armes (5519, 20). C. 2 p. *Président Guillart.*
 Ses armes sur Pégase (5522). C. — Ens. 3 p.
1029 *Robert Rousseau* (examinateur au Châtelet). Ses armes. ℞. Croix
 cantonnée de quatre coquilles (5521). C. TB. Rare. *Pl. VII.*
1030 *Guillaume Bailly.* (Surintendant des armées d'Italie). Ses armes.
 ℞. Hercule sur un aigle et portant un taureau, 1550 (5523).
 Arg. TB. Très rare. *Pl. VII.*
1031 — Même pièce variée (5524). C. TB. Rare.
1032 *N. Lejay sieur de la Touche-Hersant* (Conseiller du roi notaire
 et secrétaire du roi et maître des comptes). Ses armes. ℞.
 Monogr. 1554 (5525). Arg. TB. Très rare. *Pl. VII*

1033 *Gaillard Spifame.* VOLABO ET REQVIESCAM. Aigle éployé. ℞. Ecu
  écartelé. (5527). C. TB. Rare.

1034 — Même type varié. ℞. Champ semé de lis (5528). C. B. Rare.

1035 *Jean Spifame*, Sʀ de Bisseaux (Non décrit). *Moreuil*, 1559. Ses
  armes. ℞. Armes de Postel. (5526). C. 2 p. Jeton d'écaille
  aux armes de *Pierre de La Fontaine de Solier*, 1563. (5530).
  Jeton en plomb aux armes de *G. de Chalant* (5515). — Ens. 4 p.

1036 *Denis de Saint-Germain*, 1564 (5531, 32). *Claude Gouffier* (5533).
  C. 3 p.

1037 C. GOVFFIER. CONTE. DE. CARVAS. ET. DE MAVLEVʀ. Ses armes. ℞.
  SEIGNEVR DE BOYSI CRAND ESCVIFR DE FRACE. Epée avec banderole.
  (5534) C. TB. Rare.

1038 *Nicolas Basdoulx*, 1564. *P. Chaillou*, 1567. *Charles Le Conte*,
  1567. *Marcouville*, 1573. *G. Luillier* et Marguerite Duchapt,
  1577. (5535 à 40). C. 5 p. B.

1039 *M. de Bragelongne*, 1580. Ses armes. ℞. La Justice. (5541). Arg.
  TB. Rare.   *Pl. VII.*

1040 *N. de Bauffremont* et Charlotte d'Amboise, 1580. (5543). C. B.
  Rare.

1041 *Jacques Duval*, Cte de Dampierre, 1580. *Jean Aymeret* et
  Marie de Neuville, 1580. *René de Villequier*, 1581. (5544 à 46).
  C. 3 p. B.

1042 *Guy de Laval*, 1584 et s. d. *Fr. de Verthamon*, 1597. (5547, 48,
  50). C. 3 p. B. et TB.

1043 *A. de Petremol.* Ses armes. ℞. Monogr. *Jacques Lelieur*,
  correcteur des comptes. *T. Duval*, correcteur des comptes.
  (5551 à 53). C. 3 p. B. Rares.

1044 *Laurent Testu*, maître d'hôtel du roi. (5555). Arg. TB. Très
  rare.   *Pl. VII.*

1045 *Jean Nicolaï*, président de la ch. des comptes de François Iᵉʳ.
  Jacques Gobelin, correcteur des comptes. *Raoul Perseval.*
  (5556 à 58). C. 3 p. B.

1046 *Claude Pagevin*, auditeur des comptes. *Ch. de Pierrevive*,
  trésorier. *Fr. de Vigny.* (5560 à 62). C. 3 p. B.

1047 *Fr. Séguier.* Troué. *Georges de Wicardel*, maître d'hôtel du
  roi. *Bernard de Reçé* (5562ª à 64). C. 3 p. B.

1048 *Pierre Michou*, auditeur des comptes. *Jouy.* Armes entourées
  de M. G. I. *Maillard.* (5565, 66, 67). C. 3 p. B.

1049 *de Frye* (?) VELOCEM TARDVS ASSEQVITVR. Armoiries. ℞. Monogr.
  (5568). C. B. Rare.

1050 *Divers* (5542, 49, 54, 59, 65 ª, 69) *Legendre* (5570 à 74). C. 11 p.ᵗ

1051 + ɪᴠᴅɪᴄᴀ etc. et armes, comme sur les jetons de Legendre. ℞. + ᴘᴏ. ᴛᴏᴠᴛ. ᴍᴏ. ᴇᴠʀ. ɪᴇ. ꜱᴏᴠʜᴀɪᴛᴇ. ᴘᴀʏꜱ ᴇᴛ ʜᴏɴᴿ Armoiries. (5575). C. TB. Rare. *Pl. VII.*

1052 *Mirey* et X. *Montmorency. Barthélémy* Sᴿ *de Bucam. I. du Gué. Louis de Machault*, 1602. *Gilles Durant*, 1604. *Eust. de Refuge*, 1605. *A. de Loménie*, 1607 (refr.) et 1609. (5576 à 78, 81 à 85 et non décrits). C. 9 p.

1053 *R. de Bellegarde.* Ses armes. S. d. Arg. Autre, 1602. C. (5579, 80). 2 p. B. et TB.

1054 *H. de Schomberg*, surintendant des finances. Ses armes. ℞. Lion, 1621. (5591, 92). Arg. et C. 2 p. TB. *Pl. VII.*

1055 *F. de Luxembourg*, 1603. *Daniel Fillau*, 1611. *A. de Loménie*, 1623. (5586, 87, 95, 95 ª). C. 4 p. B.

1056 *Le Tellier.* Armes de Michel Le Tellier et de sa femme Elisabeth Turpin. ℞. ᴀᴇꜱᴏᴘᴠꜱ ᴘʜʀɪɢɪᴠꜱ. Buste d'Esope. (5596). Ecaille. TB. Légèrement ébréché. Très rare. *Pl. VII.*

1057 *Roger du Plessis*, 1631. *Jules de Loynes* et Jeanne Régnier, 1631. Troué. *G. Thonier* et M. Régnier, 1631. *Michel Tambonneau*, 1634. (5597 à 99, 5603). C. 4 p. B. et TB.

1058 *Nicolas de Paris.* Ecu écartelé ℞. Vigne liée à un laurier, 1633. (5601). Arg. TB. Rare.

1059 *R. Petit.* Ses armes. ℞. Petit palmier sous le soleil (5602). Arg. TB. Rare. *Pl. VII.*

1060 *Jean Habert de Montmor*, 1639. *Henri-Louis Habert de Montmor* et Henriette de Buade Frontenac, 1639. (5606, 7). C. 2 p. TB.

1061 *Séraphin de Mauroy*, 1641. *Séguier*, 1641. *René de Longueil*, 1641. *Cl. Le Bouthillier*, 1642. *Maitres des requétes*, quartier d'Avril 1642. (5608, 9, 11, 12, 14). C. 5 p. B.

1062 *Madame de Bulion*, veuve du surintendant des mines. Ses armes. ℞. Puits. 1643. (5615). Arg. TB. Rare. *Pl. VII.*

1063 *P. de Favières.* Ses armes. ℞. Cep. Autre ; ʀ. Mains et colonne. *J. Legrant* et Cath. Allegrin. *Alph. Leclerc*, seigneur de Croisset. *Gabriel Dupui du Fou* et Madeleine de Bellievre. (5618 à 20, 24, 25). C. 5 p. B.

1064 *Augustin de Thou.* Ses armes. ℞. Ruche. (5622, 23). Arg. TB. et la même p. cuivre. B. *Pl. VII.*

1065 *Cl. de Guénegaud.* Ses armes. ℞. Armes d'Alphonsine Martel (5629). Arg. TB.

1066 — Variété, les écus non couronnés (5630). Arg. TB.

1067 — Même p. C. Armes de Guénegaud. ℞. Cybèle, 1644. *Jeannin de Castille*, 1648. *Mazarin*, 1651. (5631, 27, 33, 35 à 37). C. 6 p. B. et TB.

1068 Buste de Mazarin. ℞. Restauration de la colonnade du Louvre, 1661. (5640). Arg. TB.

1069 Armes de Mazarin. ℞. JUL. MAZARIN S. R. E. CARD. BASILICAM ET GYMNAS. M. DC. LXI. (5643). Refr. Or. FDC.

1070 *Et. du Verdier*, 1654. *Jérôme Bignon*, 1656. *J. de Clausel*, 1656. *Philippe, Jérôme et François Dufour*, 1657. *Jacques de Mesmes* et dame Courtin. *Maitres des requêtes*, quartier d'Octobre 1657. (5648, 49, 55, 60, 62 et non décrits). C. 7 p.

1071 *César duc de Vendôme*. Buste à dr. ℞. Navire. 1658. (5672). Arg. TB.

1072 *J. Ferron*, 1657. *Surmain* (?), 1657. *A. de Harlay*, 1663. *G. de Lamoignon*, 1663. *Pierre Maissai*, 1665. Autre; ℞. Armes de dame Petau. *Jean le Cuntier*, 1666. (5663 à 68, 78, 80, 84 à 86, 88). C. 12 p.

1073 *Fr. Boulin* et dame de Faverolles. ℞. Alliances de Louvencourt. 1676. *Armand Langlois*, 1683. *Ant. Ferrand*. Médaille, 1686, 40 ℳ. Trouée. *Maitres des requêtes*. Quartier d'Avril 1688. *Louis Phelypeaux*. Médaille, 1690, 32 ℳ. *Lamoignon* et Voysin. Octog. *L. Bachelier* et M. A. Leroux, 1700. *Chamillart*, 1706. *Maitres des requêtes*. Quartier de juillet 1701. (5694, 5703, 8, 12, 15, 23, 28, 32, 36). C. 9 p. B. et TB.

1074 *J. A de Nicolay* et Fr. Elisabeth de Lamoignon, 1705. (5743). Arg. TB.

1075 *Fr. Boulin*. Alliances de Louvencourt, 1707. Autre, armes de Marie de Louvencourt. *Nicolas des Maretz*, 1708, 12, 13. (5749 à 54). Arg. 1 p. C. 6 p. TB.

1076 *Lunati Visconti* et Roquefeuil, 1711. C. *Voyer d'Argenson*, lieutenant de police, 1713. Arg. et C. *Cl. Larcher*, 1715. Troué. (5756, 65 à 67, 69). — Ens. 5 p. B. et TB.

1077 *Président Perrault*. Armes du prince de Condé. ℞. Lierre sur un tombeau. (5772, 73). Arg. et C. 2 p. TB.

1078 *Louis de Bourbon*, prince de Condé. *Guénegaud* et dame de la Croix. *Chaliveau. Fr. de Harlay. L. Fr. d'Aumont*. Octog. *Porticelli*. Ses armes. ℞. Armes de Le Camus. *Sainctot* et Marie M. de Castille. *Castor* (?) Hexag. *L. Th. de Lisle* et Boucherat. Octog. (5774 à 76, 81, 82, 91, 94, 95, 97, 98). C. 10 p.

1079 *Hôtel de Soissons* (5799 à 5802). C. 4 p. B.

1080 *Ch. de Machault*, lieutenant de police, 1719. *Montmorency*. JETON DE L'HOTEL DE LUXEMBOURG 1720. *G. Tachereau*, lieutenant de police, 1721. *Gaspard Dodun*, 1724. (5806, 7, 14, 18). C. 4 p. TB.

1081 *J. J. B. Fleuriau d'Armenonville*, sécrétaire d'Etat, garde des sceaux, 1722. (5821). Arg. TB.

1082 *Jean Delpech, marquis de Mereville*, conseiller en la grande chambre, 1723. (5825). Arg. TB.

1083 *Rotenbourg*. Mariage de Louis XV et Marie-Lesczinska à Berlin, 1725. Arg. *J. B. Noyel*, 1723. *N. J. B. Ravot Dombreval*, lieutenant de police, 1723. *Potier*, duc de Gesvres. Oct. *F. B. Boulin* et dame Henin, 1727. (5823, 26 à 29 et non décrit). — Ens. 1 p. Arg. 6 p. C. TB

1084 *Chauvelin*. Ses armes. ℞. GERMAIN LOVIS CHAUVELIN GARDE DES SCEAUX DE FRANCE LE 17 AOUST 1727. 1733. (5833). Octog. Arg. TB.

1085 — Même pièce, cuivre. Armes de Chauvelin et d'Anne Çahouet de Beauvais, 1733. *Charles le Clerc*, 1742. *Et. Clau. d'Aligre* et Marie Louise Adel. Durey, 1738. (5854, 35, 38, 39). C. 4 p. B. et TB.

1086 *G. de Sartine*, lieutenant de police, 1759. (5852). Arg. TB. Rare.

1087 — Autre, type varié, 1767. (5834). Arg. TB. Rare.

1088 Illumination de Paris établie par les soins de MR de Sartine, 1769. Médaille, 32 %. (5855). Arg. TB. Rare.

1089 *J. C. P. Lenoir*, lieutenant de police, 1774. C. Illumination de Paris; méd. Arg. 32 % et jeton C. (5869, 69 ^{a}, 70). — Ens. 3 p. B. et TB.

1090 *Prince de Cellamare*, s. d. *Mercier*, mari de la nourrice de Louis XV. *Jules François de Cotte*, président de ch. des requêtes au Parlement. *D'Angervilliers* et Marie-Anne Maupeou. *Canillac*, marquis de Montboissier. *Loubens* et Marie-Ant. du Cap. (5871, 72, 74, 74 ^{a}, 83, 87, 99, 5901). C. 8 p. B. et TB.

1091 *D'Aumont* et Louise-Jeanne de Durfort de Duras (5890). Octog. Arg. TB.

1092 *Hommes célèbres* par Jean Dassier. Président de Thou, Mazarin. Jérôme Bignon, Pompone de Bellièvre, le Comte de Pagan, Mansart, Sarrazin (5589, 5645, 57, 69 et var., 81, 87 ^{a}, 89). Arg. 8 p. TB.

1093 — Molière, Lamoignon, Patru, Lulli, Mme des Houlières. Racine, Boileau, Catinat, Malebranche. (5692, 98, 5701, 10, 18, 26, 59, 61, 70). Arg. 9 p. TB.

1094 — Mêmes p. en bronze (5590, 5646, 58, 70, 82, 83, 87, 90, 93, 99, 5702, 11, 19, 27, 60, 62, 71). 17 p La plupart TB.

1095 — Jean Varin, Adrien Valois, Jean Claude ; Arg. Max. de Béthune, Le Maistre, Pierre Séguier, Cl. Ballin, Quinault, Le Brun, Ant. Arnauld ; Br. (5610, 75, 91, 96, 97, 5700, 9, 13, 16, 20, 21). 11 p. B. et TB.

1096 *Lot* intéressant de jetons et refrappes (N^os non cités de 5588 à 5713). Arg. 53 p. C. 116 p. Et. 3 p. Alum. 1 p. La plupart B. TB ou FDC.

Ile-de-France

1097 *St Denis.* Jetons et méreaux (5923 à 30). C. 9 p. B. et TB.

1098 *St-Germain.* Manufacture des cuirs, 1755, 1757. Arg. 2 p. Divers et refr. C. 7 p. Pb. 1 p. (5931 à 36^b). Ens. 10 p. B. et TB.

1099 *Versailles.* Buste de Louis XIV. ℞. L'Orangerie, 1687. Arg. La Chapelle, 1700, 1708. Arg. et C. (5937, 41, 43). 3 p. B. et TB.

1100 Batiments du roi, 1695, 1723 : vue du château ; 1706, pavillons de Trianon. (5944 à 47, 51 à 53). Arg. 4 p. C. 3 p. B. et TB.

1101 Trianon, 1689. Arg. et C. Maison philanthropique, 1786. Arg. et C. Illumination par le comte de Noailles. C. Marchands drapiers sous Louis XVI. Arg. (5954 à 55, 58 à 60, 67). Arg. 3 p. C. 4 p. B. et TB.

1102 Jetons et refr. (5938 à 40, 42, 48 à 50, 53^a, 56, 57, 61 à 66, 68 à 74). Arg. 2 p. C. 21 p. Et. 2 p. B. et TB.

1103 *Palaiseau.* Esprit de Harville. Méreau de VIII deniers. 1561. (5975). TB. Rare. *Rosny.* Sully et Marie d'Estourmel. (6002). AB. *Magny.* Armes de Magny. ℞. Armes de X. (6003). B. — Ens. 3 p. C.

1104 *Meudon.* La Chapelle, 1703. Buste de Louis XIV. ℞. Vue de l'intérieur de la chapelle. Arg. et C. Buste du grand dauphin. ℞. JETON DE MEVDON MDCXCVI. (5976 à 79). Arg. 1 p. C. 3 p. TB.

1105 *Mantes.* Méreau et jetons variés, 1576, 79, 85, 88, 93, 97 et s. d. Sully, 1605, de Flicourt, 1688, 89. (5984 à 6001). C. 19 p. la plupart B. et TB.

1106 *Corbeil.* Arquebuse, 1757 ; Arg. 1782 ; Refr. C. (6004, 5). 2 p. TB.

1107 *Fontainebleau.* Baptême du dauphin, 1606. Arg. et C. Chapelle, 1610. Arg. et C. (6008 à 10^a). 6 p. B.

1108 Mariage, 1725. Bustes affrontés de Louis XV et de Marie
Lesczinska. ℞. La bénédiction nuptiale (6011). Or. B. Rare.
Pl. VIII.

1109 — Même pièce (6012). Refrappe. Or. FDC.

1110 — Même p. et refrappes. Arg. et C. Médaille, 33 ℔. Arg.
Chauvin. Etain (6013 à 18). 7 p. TB.

1111 *Nemours.* Buste de Louis XV ou XVI. ℞. FLECTION DE NEMOURS.
(6019 à 22). Arg. 4 p. TB.

1112 Gaston de Navarre. + GASTON ROY DE NAVARRE DVC DE NEMOVRS.
Ses armes. ℞. CRVCEM TVAM ADOREMVS DOMINE. Croix feuillue
(6023). Arg. B. Très rare. *Pl. VIII.*

1113 Jacques de Nemours, 1555. Armes de Savoie. ℞. Deux lacs.
Autre ; écu de Jacques de Nemours (6024, 25). C. 2 p. B.

1114 *Coulommiers.* Arquebuse. Buste de Louis XVI. ℞. Armes de
Montesquiou. (6026). Arg. TB. Rare. *Pl. VIII.*

1115 *Pontoise.* Méreaux de St Melon (6027 à 30). C. 4 p. B. et TB.

1116 *Marly-le-Roi.* Firley. C. Bâtiments du roi, 1701 : vue du château ; 1705, les globes. Arg. et C. Jetons et refr. (6031 à 41). Arg.
3 p. C. 9 p. B. et TB.

1117 *Meulan.* Buste de Louis XVI. ℞. ARQUEBUSE DE MEULAN. (6046).
Arg. TB. Rare.

1118 *Compiègne.* Buste de Louis XV. ℞. PRIX GENERAL DE COMPIEGNE
1729. Armes. (6047). Arg. B.

1119 Notaires. Buste d'Aguesseau (6048). Octog. Arg. TB.

1120 B. de Harville et Catherine des Ursins, contrem. H en creux. C.
Aumont de Villequier. Etain (6048 a, 49). 2 p.

1121 *Rambouillet.* Armes du Cte de Toulouse. ℞. JETTON DE RAM-
BOUILLET 1712 (6050). Arg. B.

1122 *Soissons.* A. de Montafie s. d. Arg. TB et C. Autre, 1615, C.
(6053 à 55). — Ens. 3 p.

1123 C. de Bourbon, 1596. Louise de Lorraine, 1598. Charles de
Roussy, évêque. La Fontaine, 1586. (6051, 52, 56, 57). C. 4 p.
B. et TB.

1124 Fr. Hotman, 1630. F. Eugène Maurice de Savoie et Olympe
Mancini. Eugène de Savoie, 1656. Méreau au St Sébastien ;
méreau gravé en creux (6058 à 63). C. 7 p. B. et TB.

1125 Notaires. Buste de Louis XVI (6064). Arg. TB.

1126 *Noyon.* Calvin, par Dassier. Arg. et C. (6046 a et b). *Clermont.*
L'Election, 1774. Arg. (6067 a). *Beauvais.* Vualon, 1788-89. C.
Méreaux en plomb. (6068 à 69 b). 11 p. B. et TB.

1127 *Laon.* Méreau, CAPLM LAVD ; autres, ECC LAVD. C. Louis de Bourbon. Etain. Prix général de la ville, 1700. C. (6070 à 74). 5 p.
B. et TB.

1128 *Etampes.* César de Vendôme. Ses armes. ℞. Henri IV armant
son fils, 1600. (6076). Arg. TB. Rare.   *Pl. VIII.*

1129 — Même type. ℞. Renommée, 1601. (6077). Arg. TB. Rare.

1130 Bureau des comptes ; champ écartelé de Bourgogne et d'Artois.
César de Vendôme, 1600, 4, 37 (6075, 76ª, 78 à 80). C. 5 p.

1131 *Passy, Sceaux, St Maur, Meudon, Petit-Bourg, Maintenon,
Charenton, Soissons.* Jetons et refr. (5914 à 22, 5980 à 83, 6006,
6042 à 45, 65 à 67). Arg. 1 p. C. 20 p. Et. 3 p. B. et TB.

Doubles de pièces cataloguées ci-dessus

1132 **Administrations.** *Conseil du roi.* Arg. 36 p.

1133 *Chancellerie.* Arg. 4 p.

1134 *Secrétaires du roi.* Arg. 81 p.

1135 *Avocats aux conseils.* Arg. 71 p.

1136 *Ordinaire des guerres.* Arg. 60 p.

1137 *Extraordinaire des guerres.* Arg. 138 pièces.

1138 *Artillerie.* Arg. 61 p.

1139 *Cavalerie légère.* (1147). Arg. TB. Rare.

1140 *Marine.* Arg. 59 p.

1141 *Galères.* Arg. 20 p.

1142 *Colonies.* Arg. 5 p.

1143 *Ordres du roi.* Arg. 38 p.

1144 *Connétablie Maréchaussée.* Arg. 8 p.

1145 *Chambre des Comptes.* Arg. 13 p.

1146 *Trésor royal.* Arg. 168 p.

1147 *Chambre des monnaies.* Arg. 22 p.

1148 *Chambre aux deniers.* Arg. 56 p.

1149 *Trésoriers des fermes.* Arg. 3 p.

1150 *Parties casuelles.* Arg. 55 p.

1151 *Ponts et chaussées.* Arg. 10 p.

1152 *Menus plaisirs.* Arg. 14 p.

1153 *Domaines et Maison du Roi.* Arg. 22 p.

1154 *Bâtiments du roi.* Arg. 56 p.
1155 **Paris.** *Châtelet de Paris.* Arg. 59 p.
1156 *Professions sous le contrôle de l'Etat.* Arg. 57 p.
1157 *Election de Paris.* Arg. 14 p.
1158 *Ville de Paris.* Arg. 24 p.
1159 *Prévots.* Arg. 259 p.
1160 *Officiers de la ville.* Arg. 40 p.
1161 *Clergé.* Arg. 76 p.
1162 *Eglises.* Arg. 60 p.
1163 *Académies.* Arg. 76 p.
1164 *Université.* Arg. 11 p.
1165 *Ecoles et Sociétés.* Arg. 19 p.
1166 *Faculté de Médecine.* Arg. 3 p.
1167 *Académie de Chirurgie.* Arg. 8 p.
1168 *Chirurgiens-barbiers* (4743). Arg. B. Rare.
1169 *Pharmaciens apothicaires.* Arg. 14 p.
1170 *Corporations.* Arg. 102 p.
1171 *Corporations et professions diverses.* Arg. 157 p.
1172 *Personnages.* Arg. 13 p.
1173 *Ile de France.* Arg. 24 p.
1174 *Refrappes* diverses. Arg. 67 p.
1175 *Administrations, Paris* et *Ile-de-France.* Grand lot de jetons,
    méreaux, refrappes. C. et Etain.

MEUBLES

1176 *Médaillier* de style gothique, en chêne, renfermant 5o tiroirs de 38 $\times$ 19 cent. Hauteur, 1.23 ; largeur, 0.49 ; profondeur, 0.26.

1177 — Autre, 24 tiroirs de 3g $\times$ 24 cent. Hauteur, 0.48 ; largeur, 0.46 ; profondeur, 0.2g.

1178 *Médaillier* en acajou, 3g tiroirs de 40 $\times$ 35 cent. Hauteur, 0.88 ; largeur, 0.56 ; profondeur, 0.3g.

1179 — Autre, 52 tiroirs de 46 $\times$ 31 cent. Hauteur, 1.16 ; largeur, 0.5g ; profondeur, 0.34. Le dessus forme pupitre.

Ces médailliers ferment à clef. Ils sont garnis des petits carrés en carton où logeaient les jetons.

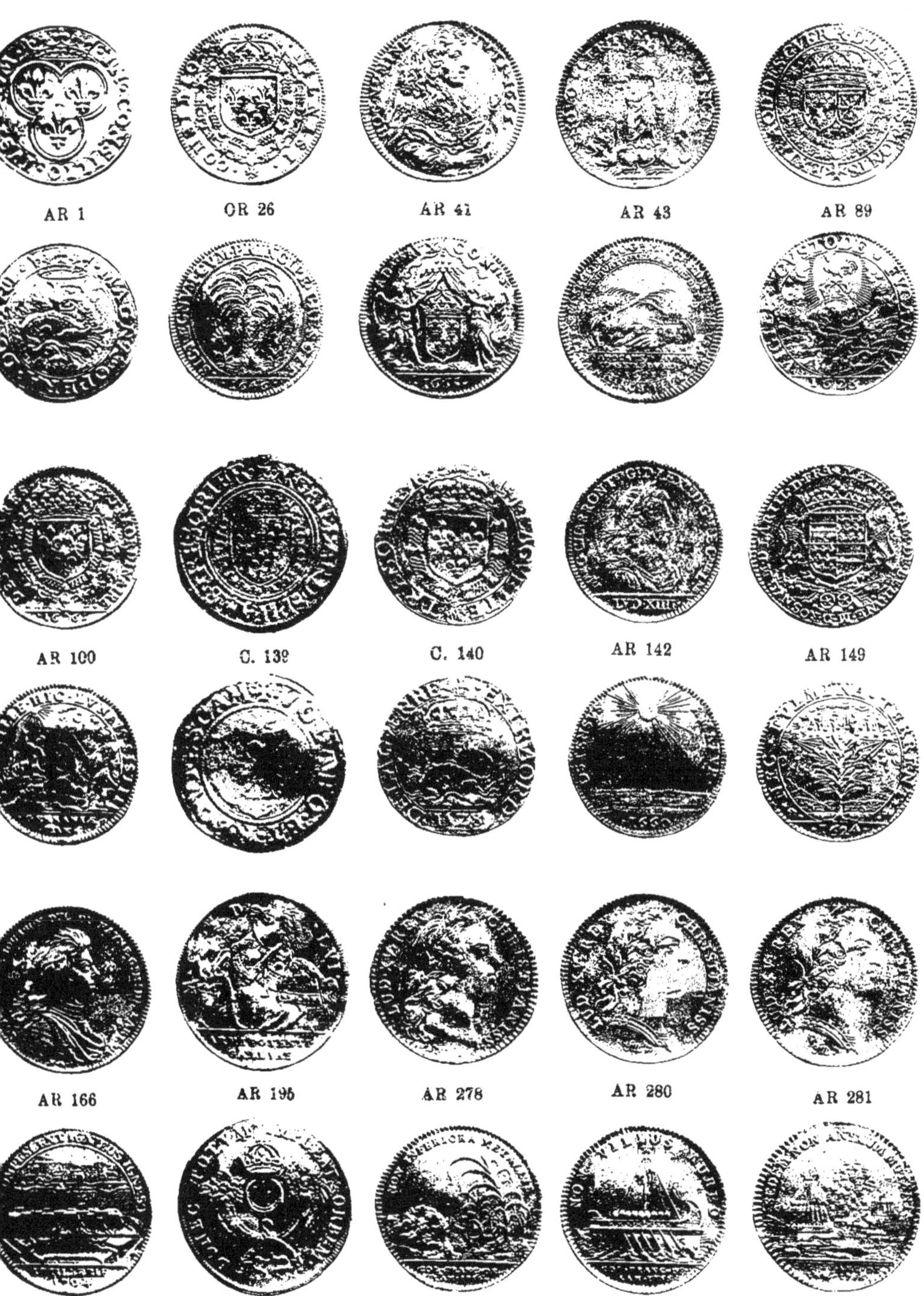

AR 1   OR 26   AR 41   AR 43   AR 89

AR 100   C. 139   C. 140   AR 142   AR 149

AR 166   AR 195   AR 278   AR 280   AR 281

AR 282
AR 302
C. 321
AR 322
AR 369
AR 447
AR 495
AR 559
AR 561
AR 565
AR 566
AR 567
AR 573
C. 576
AR 568
AR 569

t. Bourgey, Expert, 7, Rue Drouot.

G. Boüan - imp. Paris

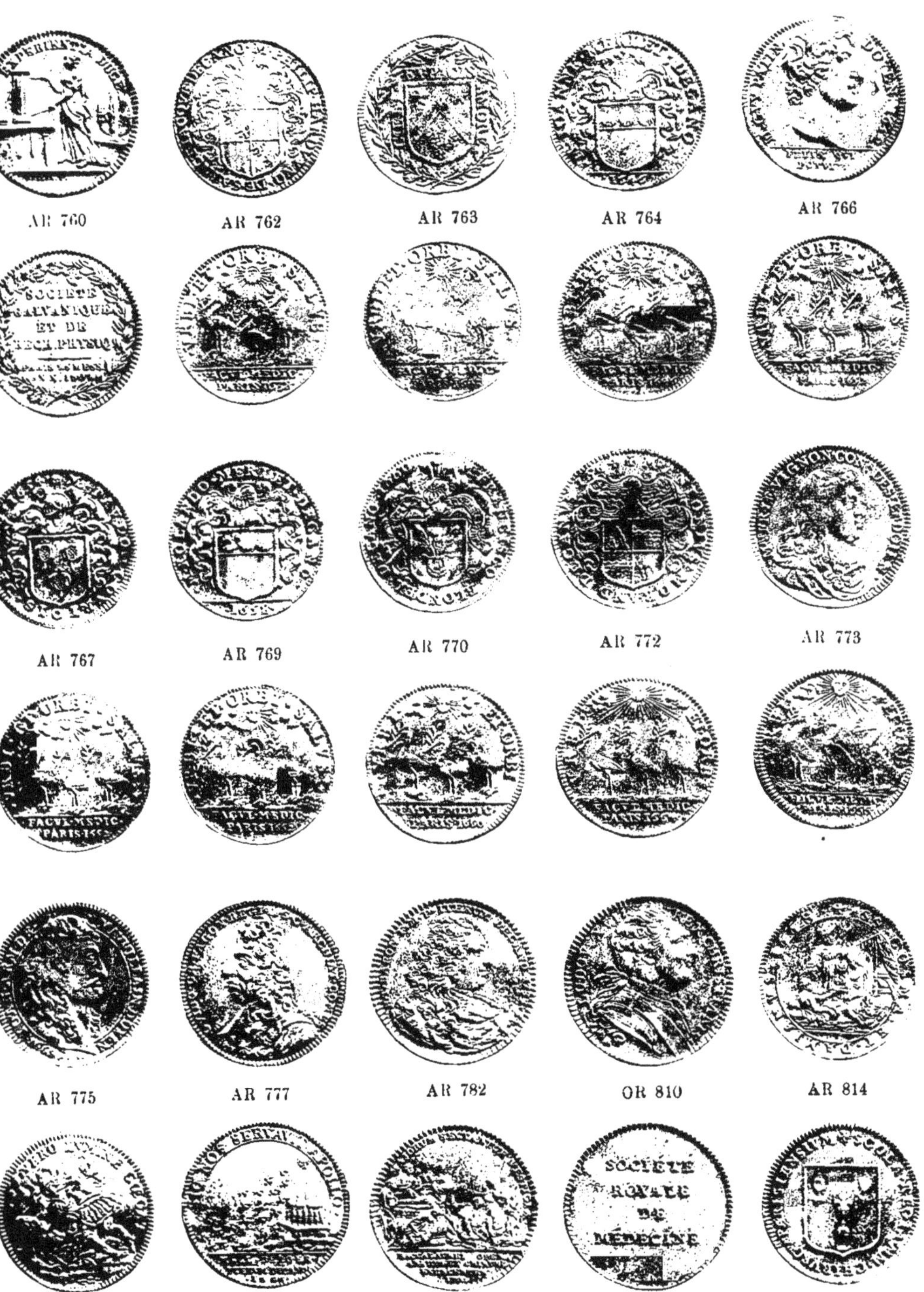

AR 760   AR 762   AR 763   AR 764   AR 766

AR 767   AR 769   AR 770   AR 772   AR 773

AR 775   AR 777   AR 782   OR 810   AR 814

AR 816   AR 826   AR 827   AR 828   AR 830

AR 846   AR 847   AR 849   AR 854   AR 855

AR 856

AR 858   AR 862   AR 365   AR 888   AR 891

G. Boüan - imp. Paris

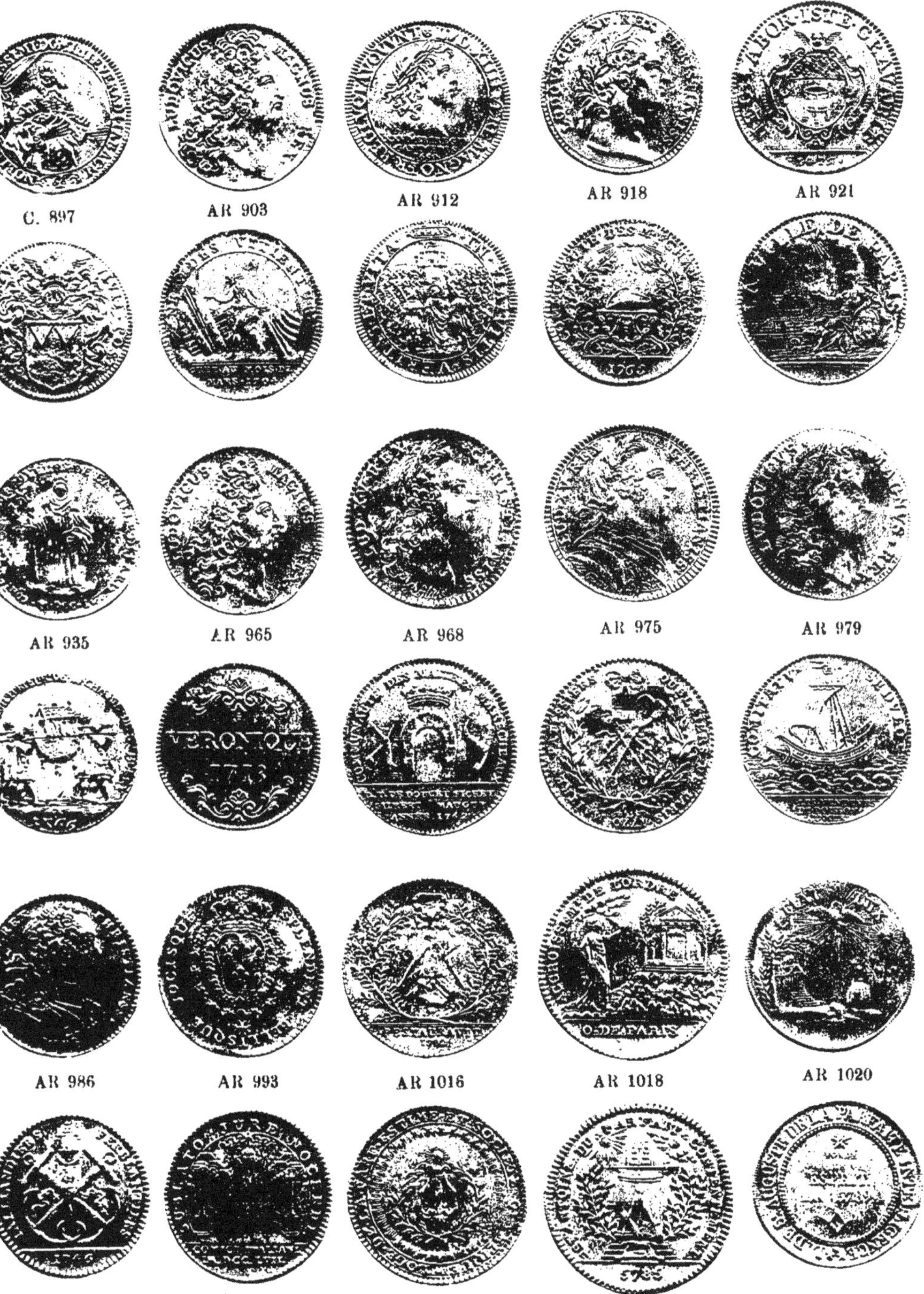

C. 897 AR 903 AR 912 AR 918 AR 921

AR 935 AR 965 AR 968 AR 975 AR 979

AR 986 AR 993 AR 1016 AR 1018 AR 1020

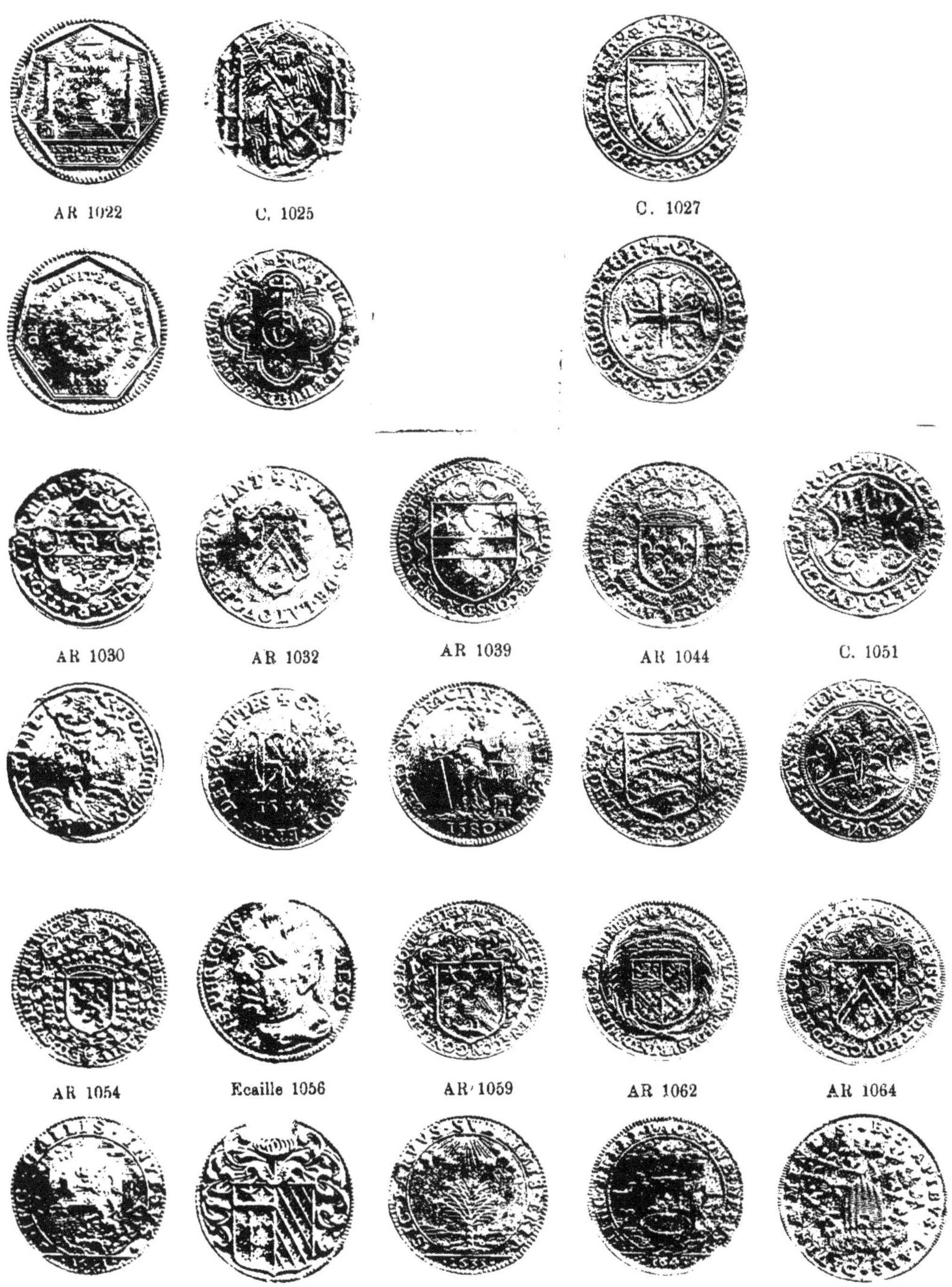

AR 1022   C. 1025   C. 1027

AR 1030   AR 1032   AR 1039   AR 1044   C. 1051

AR 1054   Ecaille 1056   AR 1059   AR 1062   AR 1064

C. 467

C. 478

C. 484

C. 311

C. 485

C. 710

C. 996

C. 675

AR 947

AR 352

AR 1003

OR 1108

AR 1112

AR 1114

AR 1128

IMPRIMERIE   ARTISTIQUE
C. CHAUFOUR

9 782329 426488